部下をやる気モードに変える40のヒント

悩める上司をコーチングのプロが救う！

前田典子 著

近代セールス社

はじめに

コーチングは、マネジメントにおける〝常識〟になりました。私が『強い営業店をつくる今日からやろうコーチング！』を上梓したのは、2005年のことです。当時はまだ、コーチングがようやく世の中に広まってきた頃で、企業の人事担当者も「聞いたことはあるけれど知らない」と言う方が多く、「そもそもコーチングとは…」という説明をよくしていました。

今では導入が遅めであった金融機関においても、コーチングそのものについての説明をする必要はなくなったのですが、その言葉の定義が「スキル」「あり方」「関係性」「プロセス」など様々であるうえに、コーチングの専門家もそれぞれに定義づけをしているため、企業の担当者や従業員を含め、皆さんの理解が異なってきています。

大事なことは、定義がどうあれコーチングをはじめとした「効果的なコミュニケーション方法」を、「マネジメントへ効果的に導入」することです。その願いを込めて、これまでコーチングの考え方をベースにした書籍『女性力で強くなる！（2007年）』『マンガ　コーチング実践ものがたり（2010年）』『収益力を高める明るい職場づくり（2010年）』を書き、コーチングの実際の使い方を伝えてきました。

金融機関も人材マネジメントの重要性を理解し、管理職研修等ではその手法を学ぶ機会を設けています。しかしながら、依然として何ら有効なマネジメント方法が見つからず困っている管理職の方は多いようです。

また、コーチングの重要性や効果が理解されていることから、研修等ではコーチングを学ぶ機会が増えているのですが、人と人とのやり取りというのは、様々な背景のもと様々な事例があり、方法は1つではありません。そのような中で「具体的にはどうしたらいいのだろう?」という相談も多く寄せられています。

さらに、上司と部下のかかわりを含めた職場の人間関係が要因の1つである、メンタルヘルスの問題は減る兆しを見せません。パワハラ、不祥事も多いようです。加えて、金融環境が変わらないこともあって、職員の皆さんが仕事にやり甲斐を感じにくい状況も続いています。

そこで今回は、コーチングに限定せずに「こんな時どうする?」というQ&A形式で、できる限り類似の事例に役立つような「事例集」を作成しました。これまでの書籍のように体系立ててコーチング等の手法を説明することはしておらず、〝Tips〟の形で標準的な情報を補っています。

ただし、ここに書いてあることは必ずしも正解ではありません。人との関係性には、それまでの歴史、性格、コミュニケーションの取り方、感情、環境など様々な要因が影響を及ぼしていますので、1つの方法でうまくいくものではないのです。本書で提示するANSWERは、あくまで「1つの参考例」として活用していただきたいと考えています。

もし体系的な情報が必要な場合は、前述の書籍をご覧いただければ幸いです。皆さんのマネジメントや後輩指導が、よりやりやすくなることを願ってやみません。

２０１３年8月　前田典子

PART 1 部下の困った行動

PART 2 部下の指導・育成

PART 3 部下との人間関係

PART 1
部下の困った行動

序　こんな部下に悩んでいませんか？

部下の行動についてのお悩みは、いつの時代も多いものです。立場や年代による価値観の違いや、知識・経験・知恵の量が異なる部下の仕事の仕方に１００％満足している上司はまずいないでしょう。

しかし、「部下の行動をやめさせたい」「部下にこういう風に動いてもらいたい」という気持ちが募り、コントロールしようとすればするほど逆効果に陥るパターンが多いものです。

人を動かすことほど難しいことはありません。また、直近の行動だけ変わってもあまり意味がありません。長期的に行動が変わる、そして成長させることがマネジメントの目標です。

「その時」だけでなく、「継続的に」行動を変えてもらうにはどうしたらよいのでしょうか？

ほかに何か御用は？
ムッ
何よ この態度は！
この前の提案はどうだった？
ヘラヘラ
あぁ…お客さん興味あるそうです
まったく…
あれ…変だぞ？
何度も教えたのにまた間違えて…
朝礼
ネクタイ…
寝グセ…
お前たちそのかっこうはなんだ〜っ！
ガミ
ガミ
しら〜〜

1 指示待ち部下

何事も指示をしないと動かない……

Q 複数の部下のほとんどが育っていません。仕事に慣れてきたらそろそろ自分で考えて動いてもらいたいのですが、主任クラスでさえ「どうしたらいいでしょうか？」とすべて訊いてきます。こうした先輩達の影響を受けているせいか、若手達もおおむね指示待ちです。このままでは上司の負担も減りませんし、人材も育っていきません。どうすればよいでしょうか？

A オープンな質問で、自分で考えるクセをつけさせよう

指示待ち部下は、多くの職場で問題になっています。変化の激しい世の中において、一人ひとりが革新的であり強みを発揮することはどの企業にも求められており、金融機関も例外ではありません。指示待ち部下は、かなり前から問題とされていますが、一向に減る様子はないよ

うです。そこには様々な要因が絡んでいると考えられるものの、金融機関の特性も少なからず影響を与えていると考えられます。

現場では、コンプライアンスの厳格化が進んでおり、「やってはいけないこと」「ルールどおりに行わなければならないこと」が増加しています。それは、自発性がなかなか育ちにくい環境です。加えて、金融機関の職員には、業務の特性上、もともと〝真面目さ〟と、良い意味での〝従順さ〟を備えた人が採用されており、指示待ちになりやすい傾向にあるかもしれません。入社した時には生き生きと発言していた職員が、数年後には完全な指示待ち部下になってしまっている様子も多く見られます。

指示待ち部下をつくらないためには、まず「自分で考える」ということを習慣づけ、考える力を育てていくことが必要です。

そのために有効な方法の1つが、日頃の会話に「相手を考えさせるための質問」を取り入れることです。特にこの場合は〝オープンな質問〟を取り入れていくとよいでしょう。

Tips 1　クローズな質問 と オープンな質問

コーチングでは、質問を効果的に使い、それによって相手の自発性を引き出すことがあります。質問には「クローズな質問」と「オープンな質問」があります。

①クローズな質問

これは、答えを限定される質問です。例えば、「宴会は楽しかったですか?」という質問の答えは「はい」か「いいえ」で、そのどちらかを答えることで会話は成立します。言い換えると、質問する側が二択の答えを提示していて、それ以外のものは期待していない状態です。したがって、返答する側は深く考えずに答えることが多くなります。質問する側が主導権を持っていて、誘導尋問なども可能になります。

●クローズな質問の例

「〇〇会社の件はうまくいっている?」

「仕事には慣れましたか?」

「今の説明で分かった?」

「~がいいと思ったのでしょう?」

「5日後にできますか?」

②オープンな質問

一方、オープンな質問は答えを限定しません。答える側が自由に言葉を選び、文章をつくらなければ会話が成立しない質問です。5W1H(Who、Where、What、Why、When、How)を含んだオープンな質問は、答える側が主導権を持っていると言えます。

●オープンな質問の例

「○○会社の件はどうですか？」

「1ヵ月経ったけど仕事はどうですか？」

「今の説明を聞いてどうですか？」

「どんな風に理解しましたか？」

「なぜそう思ったのですか？」

「いつできますか？」

以前から社員が自発的に行動することで有名なある企業では、上司が部下に「何をやりたいんだ？」と日常的に尋ね、それに明確に答えることを常に部下は求められているという話を聞いたことがあります。その企業からは独立起業する社員が大変多く、私もプロジェクト等でその企業出身の人と仕事をすることもしばしばありますが、どの人も自ら考え自ら動く能力が非常に高いと感じます。上司が部下に問いかける風土ができていることが要因となって、「全員が常に自分で考えて自分で動く」という社員が育っていることが想像できます。

上司は、部下に「教えなければ」と思ってしまいがちです。そこに、少しだけ自分で考えさ

どうすればいいですか？
うーん…
君はどう考える？
ああしてこうして…
○
△

せる質問を加えてみると効果的です。

部下「○○の件、どうしたらいいでしょうか？」

上司「○○さんはどう思う？」

このやり取りを一往復加えるだけです。もちろん緊急性の高いものについては、すぐに答えを出さなければなりませんが、それほど緊急性の高くないものについては入れても支障はないでしょう。

また、部下の側も、指示を受ける際に、「きっと自分の考えを尋ねられる」と思えば、まず自分なりの答えを用意するために自分で考えるという習慣が身についてきます。

「どうしたらいいと思う？」「どういう風に考える？」というオープンな質問を、意図的に入れていくことで部下が徐々に変わっていくことでしょう。

2 ミスが多い部下

何度も教えているのに……

Q 2年目の男性職員のミスの多さに困っています。先輩達はよく面倒をみていますが、慎重さに欠け、ケアレスミスを繰り返します。諸届のコピーを取り忘れたり伝票を別の場所に紛れさせたり、入力ミスも少なくありません。注意すると謝るのですが、気にする様子はなく、忘れてしまっているようにも見えます。最近は、金融機関の職員としての適性に疑問を感じ始めています。

A 「特性・学び方・認識」どれが原因なのかを見極めて指導しよう

この悩みには、複数の問題が混在しています。1つ目はその職員の特性です。金融機関の仕事は「正確かつ迅速」が基本で、どんな役割にも求められる特性です。ところが、この特性は採用前に測れません。実際、正確かつ迅速タイプはごくわずかで、①正確だがのんびり、②手早いけれど不正確、③のんびりで不正確、という3タイプがほとんどではないでしょうか。

　しかし、仕事の仕方、事務作業の仕方はトレーニングでかなり向上できます。私は、何をするにも早いほうなのですが、そそっかしくてミスが多い②タイプだったため、自分自身でそのこと自体とそのリスクを認識したのちに、意識して注意するようにしました。具体的には、「入力完了キーを押す前に必ず内容を見返す」「封筒を糊づけする前に中身をもう一度自分で確認する」などです。そして、徐々に間違えなくなりました。

　2つ目は、学び方、習得の仕方の問題です。その職員はミス発生時にどうしているでしょうか？　もし、注意や指示を耳で聞くだけのようなら、教わったことは必ずノートに書かせる、できたと思った時に再度チェックするクセをつけさせる——といったことで、ミスを減らせるはずです。2年目以降の職員であれば、一方的に指示をするより、アドバイスをする、話し合ってミスを減らす方法を考えさせるという方向で指導していくほうが望ましいでしょう。

　最後に、重要性の認識があるかどうかです。くよくよと気にし過ぎないのは良いことですが、ミスを「大したことではない」と思っているのなら問題です。業務全体の流れを把握できていないために、その業務（処理）の重要性を十分認識していないことがミスの原因の場合もあります。そこで、ＯＪＴで後輩に業務を教える担当者に対し、「点」だけを伝えるのではなく、業務全体の流れや必要性などを理解させることを意識させましょう。

3 勝手な判断で動く部下

自発的なのはいいが…

Q 営業課の部下（20代男性）は明るく積極的な職員です。指示待ち職員が多い中、自ら様々な企画をしたり、業務の改善提案を行ったりと自発性が目立ちます。反面、勝手な判断で動いてしまう事例が見られます。お客様との金利交渉など、簡単に判断できないものにもかかわらず、肯定的な答えをしてきてしまい、後々トラブルになったケースもありました。中間報告を忘れてしまうことも問題となっています。どのように指導したらよいでしょうか？

A 自主性はつぶしてはいけない

指示待ちだと困るけれど自発的過ぎるのも困る、従うところは従い適度に自発的であって欲しい――というのが管理職の皆さんの本音でしょう。劇作家の平田オリザ氏は、著作『わかりあえないことから（２０１２　講談社現代新書）』の中で、この矛盾について述べています。

「……いま、企業が求めるコミュニケーション能力は、完全にダブルバインド（二重拘束）の状態にある。ダブルバインドとは、簡単に言えば二つの矛盾したコマンド（特に否定的なコマンド）が強制されている状態を言う。たとえば、『我が社は、社員の自主性を重んじる』と常日頃言われ、あるいは、何かの案件について相談にいくと『そんなことも自分で判断できんのか！　いちいち相談に来るな』と言われながら、いったん事故が起こると、『重要な案件は、なんでもきちんと上司に報告しろ。なんで相談しなかったんだ』と怒られる。このような偏ったコミュニケーションが続く状態を、心理学用語でダブルバインドと呼ぶ」

ダブルバインドは、１９５６年にグレゴリー・ベイトソンという精神医学者によって提唱されました。人は、「相反するコマンドに拘束されていると、緊張状態に置かれる」と言われています。平田氏が述べているように、職員の皆さんはこのダブルバインドの状況下にいます。組織という面から見ても、激変する世の中において金融機関も常に新しいアイディアを出すべく、クリエイティブに動いていかなければならない一方で、その特性上保守的になっていかなければならないという難しい状況です。

新人研修の時には非常に生き生きと自分から発言していた新入職員が、半年から1年後のフォローー研修時にはすっかり指示待ちになってしまっているというケースにしばしば出会います。話を聞くと、「自発的に」と上司に言われたので自分で動いたらダメと言われた――ということが続き、自分から動かなくなったようでした。

自発性が失われているのは若手に限りません。ある金融機関の管理職研修で、席の配置をスクール形式からグループ形式に変えてもらうべく「6つのグループに分かれてください」と指示をしたのですが、ふと気づくと全員がその場に立ったまま。「このテーブルをここに動かして、あのテーブルはあちらに…」といったより詳しい次の指示を待っていたのでした。

金融機関の仕事は、もともと「やってはいけない」「決まったプロセスで行わなければならない」というものが多いことに加えて、年々その縛りが厳しくなってきています。こうした環境に置かれ、なかなか自発性が育ちにくくなっている状況ですから、この質問のように「自主性」が行き過ぎているケース、つぶさずに大切にしたいものです。

本ケースでは、「自分で考えて動く場合」と「上司の指示を仰ぐ場合」の判断基準を認識させることが大事です。決してやってはいけないのが、自主性そのものをつぶすことです。

まず、自主性は丁寧に認めましょう。「認める」つまりほめる、あるいは良いと伝えることです。日本人は欧米人に比べると、もともとほめることをしません。以心伝心という言葉があるくらい、「言わなくても分かるだろう」という文化です。しかし実際はどうかというと、言わなければ分かりません。そんな中、いざ「ほめよう」と思ってもなかなか難しいものです。

Tips 2

Youメッセージと Iメッセージを使い分けて認める

ほめる文型には2種類あります。まず「相手」が主語となるYouメッセージです。「○○さんの笑顔は素敵ですね」「○○さんはよくできるね」「○○さんの仕事ぶりはいいよ」「○○さんの企画書は素晴らしいね」などのように、「○○さん」と主語がほめる相手になっていて、語尾が断定型になっています。

一方、「私」が主語になっているのがIメッセージです。「私は○○さんの笑顔が素敵だと思う」「私は○○さんがよくできると思います」「私は○○さんの仕事ぶり、いいと思うよ」「私は○○さんの企画書は素晴らしいと思っているよ」と、「私は～と思う（感じる）」という文型になります。

特に大きな違いはないように見えますが、実は相手への伝わり方が大きく異なります。Youメッセージは、相手にレッテルを貼っています。つまり、「笑顔が素敵」と書いた紙を相手の了解なくいきなり貼り付けているイメージです。相手が、その紙を肯定する（ほめ言葉を受け入れる）には条件があります。

まず、「内容に同意できること」です。いくら他人が「笑顔が素敵」だと思っても、本人は自分の笑顔が嫌いな場合もあります。同意できないことについて、Youメッセージでレッテルを貼られるのは嫌な気持ちになるでしょう。

次に、言う人、言われる人の間の関係性です。良い人間関係、信頼している人からYouメッセージでレッテルを貼られるのはまだいいのですが、人間関係が悪い、信頼できないといった関係性の構築ができていない相手からレッテルを貼られるのは不快です。

一方Iメッセージには、Youメッセージのような条件はありません。Iメッセージは感想を言っているだけで、相手に受け取ることを強要しないからです。受け取る、受け取らないは相手に任されています。たとえ相手が自分の笑顔を嫌っていたとしても、「笑顔が素敵と思っている人がいる」「あの人は私の笑顔を素敵だと思っている」という情報は伝わります。ほめ言葉のボールを受け取るか受け取らないかは受け手次第です。

伝えようとする「良いと思ったこと」が、強くはないけれどリスクなく伝わるのがIメッセージ、当たれば効果大ですが、外れる可能性もあるのがYouメッセージということになります。

お互いの関係がどうなのか、内容がどうなのかを考えて使い分けるとよいでしょう。

部下を「ダブルバインド」の状況に陥らせないように、自発的行動、自発的な姿勢については、きちんと認めましょう。その後、「今回の行動の何がまずかったのか」「判断基準はどこなのか」について話し合って合意することが大切です。

自主性を活かしながら、時には周囲に合わせることを身につけてもらうよう指導していきましょう。

You メッセージ

I メッセージ

4 常識のない部下

基本的な常識が備わっていない…

Q 今年の新入社員には基本的な常識が備わっていません。取引先の建物について「ヤバイですね」と言ったり、目上のお客様に馴れ馴れしい言葉遣いをしたりします。昔に比べ、家庭や学校で基本的な常識を教えてもらっていない若手が徐々に増えているような気がしますが、そこまで職場で教えなければならないのでしょうか？

A 「常識」を教えるのも役割であると理解しよう

人事の方などと「最近の新人は…」と話が始まるのはいつの時代もありますが、昨今は「当たり前の常識がない」という話を聞く機会が増えました。確かに職場以外でも、若い世代の驚くような行動を見かけます。電車の中でメイクや食事をする若者も珍しくなくなりました。

先日、新入社員研修で「お茶の入れ方を知らない人は？」と質問したところ、数名の手が挙がりました。物心ついた頃から、家でもペットボトル等のお茶を飲んでいたそうです。かつての常識が常識ではない家庭が増え、そこで育った人達が社会に出てきているのです。「最近の若い者は…」という上の世代から下の世代に対する嘆きは、何も今に始まったことではありません。私が社会人になった何十年前にも言われていました。何を考えているのか分からない「新人類」と言われた世代もありましたが、大問題になっていたとは思われません。

ところが昨今では、質問のように仕事に差し支える出来事が時々起こっています。来客時に部下にお茶を頼んだら、飲めないほど濃いお茶が出されたという方もいました。その部下は前述のような「お茶の入れ方を知らない」職員だったそうです。こうなると、「家庭や学校で身につけるべきことだから」とは言っていられません。新入社員研修のカリキュラムにも、以前は入っていなかった「常識」の部分を含める企業が増えてきました。

職場ではとにかく必要だと感じたら教えていきましょう。その際心がけたいことが「今の若い者は…」「ゆとり世代だから…」「家でしつけるべきなのに…」という気持ちを脇に置くことです。言葉にはその人の感情が乗って伝わります。前者の2つは世代全体に対するネガティブなレッテルを貼る気持ちであり、最後の1つは家庭を否定することになります。その感情が伝わると、相手にも否定的な感情が芽生え指導がスムーズに進みません。「今はそういう時代なので仕方ない！」くらいの割り切った気持ちで一つひとつ手順を教えていきましょう。

5 報告をしない部下

Q 先月異動してきた部下（30歳）は何しろ報告をしません。最終結果については報告があるのですが、途中経過についてはいちいち訊かないと知らせてくれません。そのたびに「こちらから訊く前に報告して欲しい」と指導しており、イライラしているのも気づいているはずなのですが、何も言ってきません。新人でもないので、基本的なことまで指導しなければならないのは心外です。

A 具体的な事実を伝えて認識や理由を尋ね、リクエストしよう

「報・連・相」は言うまでもなく仕事の基本で、業界に関係なく新入社員研修の中にも必ず組み入れられています。そして、キャリアを重ね管理職になったとしても必要とされる基本動作です。しかしながら、新人の時に「報・連・相」が習慣として身につかなかった中堅やベテラ

ン職員もいるようです。

私は様々な立場の方と一緒に仕事をするのですが、中にはは大事なことにもかかわらず「報告」をしてくれない方も少なからずおり、しばしば気を揉みます。時には、わざわざ経緯を問い合わせなければならず、「余計な仕事を増やされている」と感じることもあります。基本動作が身についていないと、その後ずっと本人も周囲も苦労することになります。

30歳になって「報告」が習慣化していないのは大きな問題ですが、逆にここで上司が気にしてくれることは本人にとってラッキーなことかもしれません。もしかしたら、それができていないことで、知らず知らずのうちにお客様や周囲に迷惑をかけ、何かがうまくいっていないかもしれないのですから。

「4　常識のない部下」と同様、身についていないことは教えるしかありません。ただし、新入社員でない場合、プライドもありますので、相手を尊重しながら行動変革を促すことが大切です。

「30歳にもなって…」「今さらこんなことをなぜ教えなければならないの？」といった否定的な感情はこの際脇に置きます。この感情が言葉に乗ると、相手にその感情が伝わり抵抗感が生じます。行動が変わらないばかりか人間関係にも影響するでしょう。

報告がなかったことによって何らかの弊害があるわけですから、まずはその事実を率直に伝えましょう。ここには感情を乗せないことがコツです。そして、それに対する相手の認識を確認します。例えば、「今回の案件について、今まで何も報告してくれていないと思うけど、どうかな?」というように。そして、その影響やリスクを伝えましょう。

もしその認識が一致していない時には「こちらが正しく、あなたが間違っている」という一方的な押しつけは避けましょう。「なぜ報告して欲しいのか」を根気強く伝える必要があります。「なぜそうなると思うのか?」「なぜ報告しないのか?」と質問をしてみてもよいでしょう。

そして、最後にリクエストです。「○○しなさい」ではなく「○○して欲しい」というリクエストをしていきましょう。行動変容は相手が「変えよう」と思わなければ変わりません。その気持ちをどのように促すのかが勝負です。

Tips 3

指示命令はやらされ感につながる

指示命令とリクエストはどこが違うのでしょうか? 組織において上司からの指示命令は「絶対」です。答えは「YES」しかないと言っても過言ではありません。指示命令は上司が判断をし、部下はそれに従うという構造があります。もし部下がそれに対して「NO」を言う場合にはかなりの論理的根拠が必要となってきますし、それから派生するコンフリクトも覚悟しなければなりません。

一方、リクエストには部下にも主体性が許されています。部下には瞬間的に「YES」「NO」「NO＋代替案」という3つの選択肢が用意され、たとえ「YES」と言ったとしても部下が主体的に決めるというプロセスを経ます。

「押しつけられた」と「自分で決めた」は大きく違います。前者は有無を言わせずコントロールされているわけですから苦しさがあります。後者にはそれがありません。もしあるとしたら、自分とのコミットメントを守れない苦しさです。

やらされ感はモチベーションのダウンにつながりかねません。

6 部下に厳し過ぎる部下

Q 私の部下である係長（30代男性）は、モチベーションが高く成績も良い職員です。部下指導も積極的なのですが、少々厳し過ぎると感じます。大学で体育会野球部だったことも要因と思うのですが、ミスをきつく叱ったり、時には怒鳴ったりもします。部下への期待も高過ぎるようです。穏やかに接するように言ったこともありますが、聞く耳を持たず、こちらにも噛みついてきます。若手が萎縮しているので、問題が起こる前に何とかしたいのですが…。

A 厳し過ぎる指導のリスクを毅然と伝えよう

部下への接し方は、初級管理職のうちに学んでおく必要があり、直属の上司の役割は重要です。いわゆる「できる職員」だと、成績の良さに問題が隠れてしまうこともあります。

昨今は「叱れない」と悩む管理職が多い中で、この係長のように叱ることができる人は貴重ですが、一歩間違うと将来的にパワハラを生み出すおそれがあります。さらに、職場のメンタルヘルスにも直結する問題です。営業成績の良い優秀な職員のようなので、部下指導の方法が変わらないまま、より上位のポジションに昇進する可能性も高いでしょう。

このような部下には、指導方法の変容を促していきたいものです。体育会野球部出身ということを考えると、自分自身が上位者から厳しく育てられ、それが良かったと考えているのかもしれません。しかしながら、「指導の仕方はそれだけではない」ということをしっかりと伝えていく必要があります。

昨今の若手は、叱られたり怒鳴られたりすることに慣れていません。最近は、新入社員研修の際「叱られた経験はありますか？」と参加者に尋ねるのですが、「ない」と答える新入社員が必ずいます。「あまりない」と答える新入社員もかなりいます。大学の体育会でも昔のように後輩を怒鳴ったりすると、精神的に参って辞めてしまうという話を聞いたことがあります。

厳し過ぎる指導は、リスクが大きいのです。せっかく入社した若手がつぶれてしまっては組織全体の損失です。本ケースのような部下には、毅然とした態度で臨むことがコツです。議論し合って納得すれば行動を変える人も多いのです。事実とリスクをきちんと伝え、厳しい一辺倒の指導から改善を促していきましょう。

7 お客様に対して感じの悪い部下

Q 当店のテラーは、お客様から「感じが悪い」とたびたび指摘されます。事務的な応対が見られたら、その都度注意をしていますが一向に良くなりません。ＣＳ研修にも参加して、感じの良い応対についての知識はあるはずですし、以前は今ほど酷くありませんでした。先日は、外部のモニタリング調査でも「心のこもった応対が見られない」と厳しく評価されてしまい、本部から「要改善」の指示も受けました。窓口応対の問題は、営業課長である私の責任です。どうしたら、感じ良くなるでしょうか？

A 感じが悪い原因を探っていこう

お客様に選んでいただかなければならない金融機関にとって、「感じが悪い」というお客様からの評価は大変重いもので、改善は必至です。お客様に対して感じの良い応対ができていない原因は「必要性や、やり方を知らない」あるいは「何らかの要因によってやらない」の2つです。以前は現在ほど酷くなかったことや、ＣＳ研修等に参加していることを考えると、前者ではなく、後者が原因と考えられます。

お客様に対して感じ良くできない要因として最近よくある事例が、職場の雰囲気です。人は自分自身が心地良い状況でなければ、他人に思いやりを持って接することはできません。数値目標が厳しく、業務が忙しく、人も減っているうえに、職員同士のコミュニケーションも不足しているという状況で、もし職場の人間関係が悪かったりしたら、お客様に対して心をこめた応対をすることは難しいでしょう。

上司の中には、「感じ良くしろ！」と指示さえすれば、感じ良くするようになると思っている方も多いようですが、そうはいきません。行動の背景や、その人の心の中にあるものが変わらなければ行動も変わらないのです。

金融機関の研修担当の方から、「お客様からのクレームが多いので窓口担当者向けに研修を行いたい」というご依頼を受けます。確かに、直接窓口担当者に非があるケースもあります。しかし、前述のとおり感じが悪くなる要因が職場環境にあるならば、そこに手を入れない限り根本的な解決には至りません。ＣＳ（顧客満足）に必要なのはＥＳ（従業員満足）であるとよく言われますが、まさにそのとおりなのです。

本ケースのテラーに対しても、「その人だけに責任があるわけではない」という可能性を前提として、いきなり非難や注意をすることは避け、率直に事実を伝えましょう。「お客様からクレームがある」という事実がない場合は、「私が○○と感じている」というフィードバックをしましょう。

「あなたが悪い」という方向性で決めつけると、もし本人が外部要因（職場の雰囲気、人間関係等）によって感じの良い応対ができていない場合、自分自身で良くしようという気持ちがなくなってしまいます。感じの悪い応対をする原因を、じっくりと探っていきましょう。ここで必要なのは〝傾聴〟です。「相手が悪い」という気持ちは横に置き、ニュートラルに聴くことが大事です。

もし要因が外部にあった場合には、解決していく方法を話し合うといいでしょう。また、それが本人にある場合は、その原因をどうしたら取り払えるのかを話し合う必要があります。

Tips 4

傾聴　〝聞く〟ではなく〝聴く〟を意識する

相手と関係を構築するのに最も大事なのが傾聴です。ただ〝聞く〟のではなく、「心を寄り添わせて聴く」「言葉の背景にある気持ちにも耳を傾けながら聴く」というもので、

「あなたを大切にしていますよ」という尊重の気持ちを表す手段でもあります。傾聴は、日頃やっているつもりでも意外にできていないものです。そして、いざやろうとすると思いのほか難しいものなのです。

以下では、傾聴のコツを説明します。

(1) 集中して最後まで聴く

相手が部下の場合は特に、話を聴いているうちに色々なことが頭に浮かんできます。例えば、「そんなこと言える立場じゃないだろう」「だったらこうすればいいのに…」「私だって同じ経験を乗り越えてきた」といった台詞が浮かんできませんか?

そんな時、つい相手の話を遮って話し始め、話の主導権を取ってしまってはいないでしょうか。

頭の中に何かが浮かんできた時に、まずはそれを横に置いて相手の話に集中し最後まで聴くことが傾聴の第一関門です。

(2) 「よく聴いています」という反応を見せる

聴き手の反応がないと、話し手は「聴いてもらっている」という実感を持つことができません。「あなたの話をよく聴いています」という反応をしましょう。

①相手から目をそらさない

話し手は、聴き手の視線が話の内容とは関係ないところへ外れると「聴かれていない」という印象を持ちます。次のポイントを踏まえて、話し手の目、あるいは顔から視線をはずさないようにしましょう。

・うなずき……うなずきは「よく聴いています」というとても分かりやすいサインです。

・相づちを打つ……「そうですよね」「なるほど」といった相づちをよいタイミングで返します。相手のペースに合わせることが大事です。

・オウム返しをする……相手の言葉を繰り返すことです。相手の言葉を受け止めているという印象を与えます。

「～で大変なんです」→「大変なんだね」

「○○さんがなかなか慣れなくて」→「○○さん、慣れないんだ」

「今日は暑かったです」→「暑かったね」

・感情の要約をする……オウム返しと似ていますが、話をある程度聴いたところで「～と感じたんだ」「～という思いをしたんですね」と、相手の気持ちを要約して伝えます。

・表情を話の内容に合わせる……ポーカーフェイスは、たとえ話を聴いていたとしても相手に「聴いてくれていない」という印象を与えます。話の内容に合わせて、表情も豊かに合わせましょう。

②傾聴姿勢を取る

腕組みをしたり、椅子の背もたれに体を預けたり、脚を組んだりという姿勢は、たとえ部下であっても相手に「聴いてくれている」という印象を与えません。よく聴く姿勢は、やや前のめりとなるはずです。

8 協力をしない部下

Q 後方事務を担当する2年目の女性職員はテキパキと仕事をこなしますが、周囲との連携に問題があります。周りが忙しくても協力せず、理由を訊くと「なぜ担当外の仕事をしなければならないのか分からない」と言われました。手が空いた時は手伝うように指示すると一時的には改善しますが、すぐ戻ってしまいます。基本的に人とかかわるのが苦手なようで、お客様と接する窓口業務も拒否します。学生時代もサークルに入ったりせず一人で過ごしていたようでした。

A 人とのつながりの良さを体験させる

自分勝手な行動をしたり、気を利かせて手伝ってくれない職員が一人いると、業務に支障が出るだけでなく、周囲のストレスも増していきます。上司としては、「お互い助け合って欲しいのに…」という気持ちが募ることでしょう。しかし、中には「自分自身の仕事をしっかりやっているのに、なぜそれ以上やらなければならないのか」という考えを持っている人がいるのも確かです。加えて、この職員は周囲とのコミュニケーションにも問題を抱えているようですから、より一層、人とのかかわりを持ちたくないと思われます。

この職員の場合は、具体的な行動面での指示をするのと同時に、まず人と協力すること、人とつながることの良さを実感させるという働きかけも必要なようです。

２０１０年以降社会人になる人達は、人と必要以上にかかわらなくても生活できる時代に産まれ育っています。それ以前は、ものを買うにもお店の人と話す必要がありましたが、産まれた時からコンビニがあり、成長に伴いＩＴ環境が急激に発達した世代には、俗に言う「リアルなつながり」を体験せず大人になった人も多いのです。こうした環境で、一人で過ごすことの多かった人は、コミュニケーションの取り方以前に、人とつながることの良さを知らない人もいます。まるで、ある〝チャネル〟が発達していないような状況です。

金融機関には、お客様とのより一層心の通ったつながりが求められています。まずは職員同士のつながりをつくることができなければ、お客様に対してそれができるはずはありません。

上司や先輩がつながりの良さを見せ、体験させ、人としての情を持って根気よくその職員に接していくことで、本人が良さを感じ、うまく人とかかわれるように目指したいものです。

9 仕事を抱え込んでしまう部下

Q 融資を担当する20代後半の部下が、仕事を抱え込んでしまう傾向があります。難しい案件は早めに相談して欲しいのですが、どうにもならない状況になってから相談してきます。事務作業も人より時間がかかり、時には周囲にまで影響しています。仲間がいるのだからヘルプを出したり、無理なことは誰かに頼むなりして欲しいと折に触れて言っていますが、なかなかうまくいきません。

A 仕事を抱え込む背景を知ろう

人に仕事を振らずに抱え込む人（いわゆる「めんどり型」）は、一見ひたむきで一生懸命に見えますが、チームワークという面ではマイナスと言えます。自分で抱え込んでしまう要因は何なのでしょうか？

まず、もともと人にものを頼む（働きかける）ことが苦手である可能性が考えられます。自己肯定感（自分を良いと思える気持ち）が低いと、何か働きかけて拒否された際に「自分を否定された」と捉える傾向があります。過去に要求に応えてもらえなかった経験が多かったり、人から認められた経験が少ないために、「仕事を頼んで断られるくらいなら、自分でやってしまったほうがいい」と、能力以上に抱え込んでしまうことがあるのです。この場合は、人に頼んでも大丈夫だと認識してもらうことが必要です。

次に、「自分でやりきりたい」という気持ちが強過ぎる場合が考えられます。責任感が強く負けず嫌いという傾向の人に見られます。この場合は、「自分でやりたい」という気持ちについてはきちんと認めたうえで、チームの一員としてどのように行動してもらいたいかを伝えたいものです。

最後に、「誰かに依頼したいのだけど、自分で依頼するのではなく声をかけて欲しい」という少々難しいケースもあります。本当は「お願いしたい」という気持ちがあるにもかかわらず素直に「お願いします」と言うことができない。時にはかたくなに「大丈夫です」という全く逆の発言をする場合もあります。「本音は助けて欲しいのかもしれないけれど、『大丈夫』と言うので手伝わないでいたら、不機嫌になって周りに当たることもある」という、周囲がどう接していいのか分からないケースです。

手伝ってほしい！
大丈夫です
大丈夫？
手伝おうか？
○○さんが
自分から動いて
くれません！
？
本当は自分で
お願いしたんだけど
・・・

これは、心の底に隠れている〝ニーズ〟をうまく表現できない職員です。このような傾向は性格的なものが原因の場合もあれば、経験から形成されている場合もあります。まずは対話をして信頼関係をつくっていくことが大事でしょう。

どの要因であっても、一方的な指示命令ではなく、よく話し合って合意をしていくことが重要です。前述した「傾聴」をしっかり行っていきましょう。

Tips 5

ニーズを聞き出す

NVC（Nonviolent Communication：非暴力コミュニケーション）という考え方があります。アメリカの臨床心理学者、マーシャル・B・ローゼンバーグ博士によって提唱された、相手に対する思いやりを重視したコミュニケーションの方法で、個人的なコミュニケーションから国と国とのコミュニケーション、時には国際的な紛争解決のためにも活用されるものです。NVCには「4つの要素」があり、その中に〝ニーズ〟という概念があります。NVCの4要素は、次のとおりです。

①**所見**（Observations）

起きている事象について、判断や評価をせずに表現する。

②**感情**（Feelings）

①について、どう感じているのかを表現する。「当惑している」「イライラしている」「怒っている」「悲しい」「びっくりした」「嬉しい」「勇気が出た」など。

③ニーズ（Needs）

感情の奥底にどのようなニーズ（求めたいこと、満たしたいことなど）があるのかを表す。「尊敬」「認められる」「正直さ」「理解」「平和」「安全」など。

④リクエスト（Requests）

③を満たすために、他の人にして欲しいことを、具体的な行動の形でリクエストする。「もっと話を聴いて欲しい」「もっと手伝って欲しい」「もっと気にかけて声をかけて欲しい」など。

人と人との関係においては、②感情、③ニーズともに率直に表現できていないことが多く、それが憶測や誤解を引き起こし、思わぬトラブルになります。また、相手に対して思いやりを示そうとしても、本当の感情やニーズが分からなければ難しくなります。

しかし、実際には本当は一人で抱え込むのが辛くて（感情）、誰かにサポートして欲しい（ニーズ）という要素があったとしても、「大丈夫です」「一人でできます」と話してしまうことも多いのではないでしょうか。

表現されている言葉そのものだけではなく、その裏にある感情やニーズを聴き取っていくことで、上司・部下の関係がより良いものとなっていくことでしょう。そして、そのためには、上司自身が、この４つの要素を意識したコミュニケーションを取っていきたいものです。

10 職場で孤立している部下

Q 3ヵ月前に異動してきた女性職員（30代）が職場で孤立しています。彼女はこれまでの営業店でも周囲と人間関係を築くのが苦手だったようで、良い評判を聞きません。どの営業店にも馴染めずたらい回しになっている感もあります。周囲も諦めてしまっているようです。業務上必要な会話以外はしないようで、気になっています。できればチームに馴染んでもらいたいのですが…。

A 社会的欲求、承認欲求を満たしていこう

孤立している人がチームにいることは、その人個人の問題ではなく、チーム全体の問題でもあります。チーム全体がまとまっていないということは、連携がベストの状態ではないわけですからパフォーマンスに影響があるはずです。また、孤立している人がいる状態は周囲の人に

とっても100％心地良い状況ではありません。心理的な影響も小さくないはずです。お客様へのサービス低下にもつながりかねません。

次に、その人個人の問題ですが、孤独を感じているということは、その人自身もベストのパフォーマンスではないでしょうし、成長も妨げられます。メンタルヘルスの問題や、不祥事にも発展しかねず、何とかしなければならない問題なのです。

Tips 6

マズローの欲求段階説

これは、アメリカの心理学者マズローが提唱している「欲求段階説」です。マズローは「人の欲求は5段階になっていて、低次から高次の欲求を満たそうとするものだ」と言っています。

チーム全体がやる気になっている状況というのは、部下全員が5段階目の自己実現欲求を満たそうとするレベルにあります。自己実現欲求というのは、自分の能力を発揮してより良くありたいとか、もっと良い結果を出したいとする欲求です。そのためには、「①生理的欲求～④承認欲求までが満たされている必要がある」とマズローは述べています。
①の生理的欲求は、「食・睡眠」など生きていくうえでの基本的な欲求です。これが満たされていると、②の安全欲求を満たそうとします。②の安全欲求は、危険を避けようと

する欲求です。③の社会的欲求は、「所属と愛の欲求」とも言われていますが、心のつながった集団を求める欲求です。つまり、一緒に働いている人を仲間と感じられるかというようなことです。④の承認欲求は、「大切にされたい」「認められたい」といったものです。これらがすべて満たされていて、初めて⑤の自己実現欲求を満たそうという状態になるわけです。

ここで注目したいのは、③の社会的欲求と④の承認欲求です。③の社会的欲求を満たすためには、「仲間である」という意識が必要です。これには、お互いに心の交流がなければなりません。相手に対して思いやりの気持ちを持ち、それを伝えることが必要ですし、お互いのコミュニケーションも取れているこ

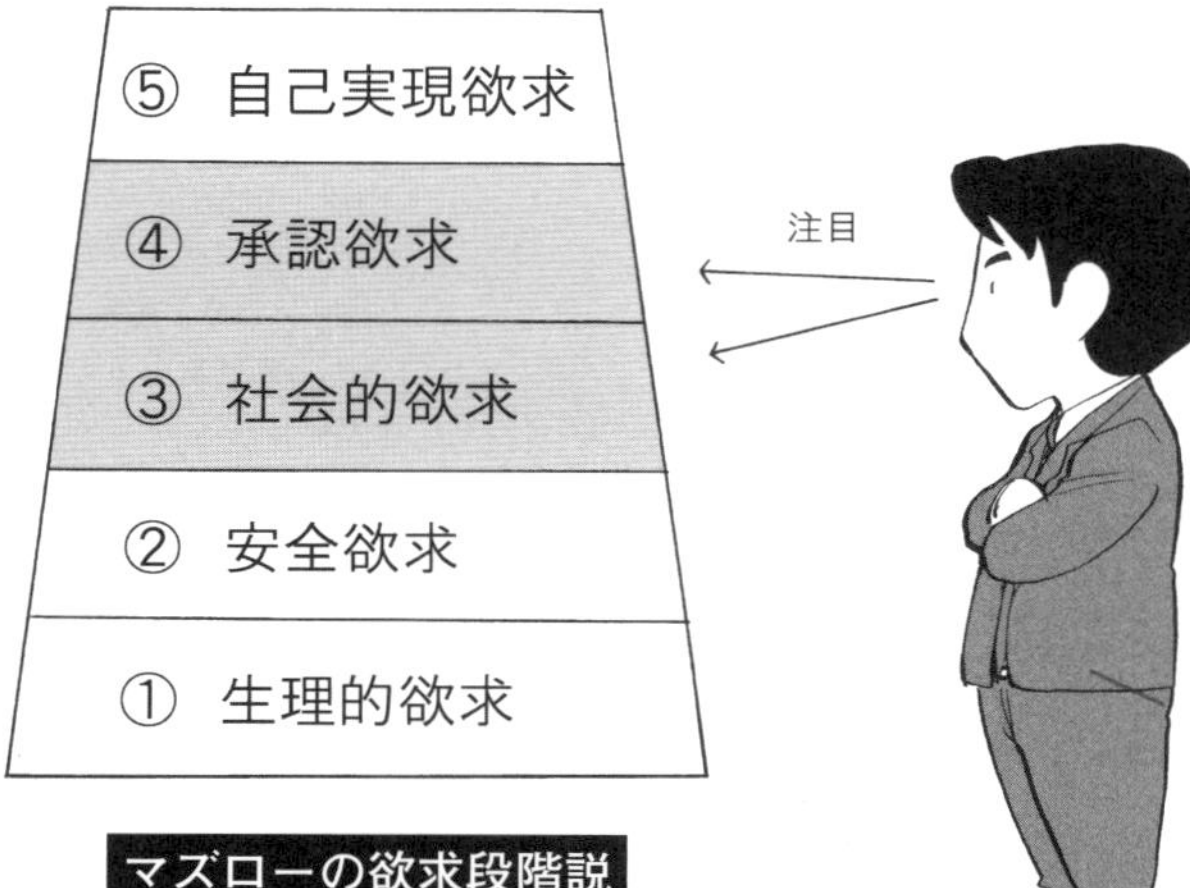

マズローの欲求段階説

とが求められます。上司は、Ｔｉｐｓ２のＹｏｕメッセージやＩメッセージを使い分けて良いところを伝えたり、Ｔｉｐｓ４の傾聴をすることで、④の承認欲求の充足を促すことができます。

加えて、「あなたを大切にしています」ということを伝えることが大切です。何かをしてもらった際の「ありがとう」は特に重要です。

上司がこうしたコミュニケーションを実施していくことで、周囲に自然と広まっていくことが望ましいです。皆が、家族や友人など大切な人に対してしていることを、仲間にもしていくイメージで接していけるとよいでしょう。

11 仕事の要領が悪い部下

Q 融資担当をしている部下（20代後半）は仕事の段取りが下手です。物事に優先順位がつけられず、重要な手続きが間に合わなくてお客様に叱られたり、「リアクションが遅くて…」とチャンスを逃してしまったこともあります。なぜさっさと動かないのか理解できず、注意をしているうちに何度か怒鳴ってしまったことがありましたが、結局行動は変わりません。お互いの関係も悪くなってきて、部下が何を考えているのかますます分からなくなりました。

A 行動に絞って伝えよう

自分自身と行動や思考のパターンが違う部下を持ち、注意して行動是正を促してもうまくいかない場合、カッとなってしまうのはありがちなことです。ですが、怒鳴ったりしては行動是正どころか、質問にもあるように関係性も悪化してしまうおそれがあり、絶対に避けたい行動です。一昔前は上司が部下を怒鳴るという指導も珍しくありませんでしたし、実際それによって部下が成長したケースもありました。しかし、部下の世代が育ってきた時代背景を考えるとマイナス面が大き過ぎます。

また、影響を及ぼすのはその部下一人だけではありません。上司自身、そして周囲へも悪い影響を及ぼします。

まず、上司自身です。いったん「パワハラ」とレッテルを貼られてしまうと、上司自身も職場での居場所がなくなり仕事がやりにくくなるでしょう。

次に、周囲への影響です。誰かが怒鳴られている環境というのは、当事者以外にとっても安全な環境ではありません。感情的に怒鳴る人がいるという職場は、Ｔｉｐｓ６で説明した「マズローの欲求段階説」における②の安全欲求が皆にとって満たされていない環境になってしまいます。感情的な上司がいる時は皆がぴりぴりしていて、その上司が外出や休暇だと皆がほっとしてのびのびとする職場となるわけです。そうなると、③④⑤の上位の欲求を満たそうとはしなくなるため、パフォーマンスも低下します。

私が以前経験した職場では、怒鳴る上司がいた時、皆がやたらと風邪やインフルエンザに罹りやすくなったということがありました。ストレスがかかると、人の免疫力は低下すると言われていますが、まさにそのような状況だったのかもしれません。

本ケースのような部下には、根本の仕事の仕方を変えてもらう必要があります。おそらく、子どもの頃からの行動パターンが「一つひとつ時間をかけてきちんと仕上げる」というものなのでしょうから、それを「要領良く」「優先順位の高いものから」というパターンに変えるには、大変な努力が必要です。本人が本当にその気になってくれない限りは実現しそうにありません。

Tips 7

触れていいのは行動だけ

変えて欲しい行動については率直に伝えましょう。この時、気をつけなければならないのが、「行動」だけに絞って伝えることです。それに付随する性格や価値観（例えば、几帳面過ぎることや、細部まで気を配り過ぎるところ等）まで触れることは厳禁です。

この質問の場合は、「仕事の段取りが悪いこと」や「優先順位がついていないこと」などを、具体的な事象とともに率直に伝えることになります。そして、「なぜそれがまずくて、行動を変えてもらわなければならないのか」という根拠も伝えていきましょう。無用な感情をその言葉に乗せないためには、もし自分自身の中に怒りのような感情があるならば、まずはそれを処理して落ち着いてから話すことが大切です。

そして、一方的に説得するのではなく、部下の話に耳を傾けていきましょう。背景にあるニーズも聴き取り、信頼関係の修復も図っていくことが大事です。

12 お客様と人間関係を築けない部下

Q 5年目の渉外担当の男性職員が、お客様とのリレーションづくりを苦手としています。礼儀正しく真面目な職員なのですが、お客様と事務的なやり取りに終始しています。仕事とはいえお客様と心を通わせて欲しいのですが、それができず本当のニーズに踏み込めていません。話を聞いてみると、人付き合いが苦手でお客様と世間話ができないと言います。どうしたらよいでしょうか?

A 「聴く」からスタートさせよう

「何気ない世間話をしながら親しくなる」ということが苦手な若手が増えています。「8 協力をしない部下」でも述べましたが、知らない人と会話をする機会が地域を問わず激減しているため、話しながら関係性をつくっていくというトレーニングがなされていません。窓口・渉外担当者ともに、「商品説明になればスムーズにできるのに、人間関係づくりは苦手」という悩みは年々増えています。

こうした部下に対しては、世間話ができないことを前提とする必要があります。「4　常識のない部下」でも述べましたが、「ここまでは知っているだろう」「このくらいは学生時代にできるようになっているだろう」という基準を大きく変えて、「人間関係の構築」、もっと言えば「世間話の仕方」も教育する必要があるのです。

若手職員の中には、お客様の前に同じ職場内の先輩達とのコミュニケーションがうまくできていないケースもあるのではないでしょうか。その場合、まずは上司・先輩達が世間話を教えるという観点で話しかけたり、話しかけさせたりする機会をつくっていきます。

お客様向けでは、職場内勉強会のロールプレイングなどで世間話の練習をすることができます。また、渉外などではお客様のところへ帯同した際、上司が世間話をしてしまいがちですが、それをできるだけ部下に任せ、アドバイスをするのもよいでしょう。コミュニケーションは「慣れ」ですから、実践を積ませることでどんどん上達していくことでしょう。

世間話が苦手な人は「自分が話さなければならない」と思っていることが多いのですが、うまく聴くことができればコミュニケーションを取ることができます。Ｔｉｐｓ１の質問や、Ｔｉｐｓ４の傾聴を使い、よく聴くことでＯＫだと、ハードルを下げてチャレンジを促すとよいでしょう。

一度成功体験を得られれば、会話による人間関係づくりの面白さを感じられることと思いますので、まずは1つうまくいく事例をつくらせるように支援していきましょう。

職場に笑顔はありますか？

「CS（顧客満足）を実現するにはES（従業員満足）が必要」と、PART1－7で触れましたが、これはすでに「当たり前」の認識となっています。人は自分自身がハッピーでなければ、他の人に対して温かい気持ちを持つことはできません。お客様へのサービスが仕事であったとしても、心は義務では動かせないため形だけのものとなってしまい、その結果お客様の不満足につながります。

先日あるテレビ番組で、北陸地方のおもてなしが素晴らしいことで有名な旅館が特集されていました。その社長は「従業員が働きやすいように」ということを常に考えて経営しているようでした。

また、元スターバックスCEOの岩田松雄氏は、著書『ミッション（2012 アスコム）』の中で、自身が経営したスターバックスコーヒーやボディショップで、「従業員がお客様に最高のサービスを生み出せるか」というプロセスにおける〝ミッション〟の共有の大切さを述べていますが、その前提として存在しているのは従業員自身の幸せ感です。

以前よく宿泊していたホテルBは、顧客満足度が高いと知れ渡っているというわけでは

COLUMN 1

ありませんでしたが、いつも心地良さを感じるところでした。ホテル入り口のドアマンの笑顔や、さりげない一言に温かさが感じられるのはいつものことで、フロントやレストラン、館内で出会うその他のスタッフすべてが思いやりのある対応をしてくれていました。

朝食レストランの食事は特に美味しく、ホテルの朝食を食べ慣れている私でもいつも楽しみにしていました。ある時、朝食会場のレストラン前でオープンを待っていると、スタッフの朝礼の様子がちらりと見えました。「これから仕事」という少し憂鬱な空気が流れているのではないかと思いながらそのまま覗き見を続けました。ところが、そこにあったのはみんなの笑顔だったのです。とても楽しそうな朝礼でした。そして、その後オープンに向けての最終確認をしていたのですが、誰もが微笑んでいました。このホテルのお客様に対する温かさ、料理の美味しさ（スタッフのモチベーションは料理に表れます）はここにあるのだと確信したのでした。

研修でお会いする参加者の方に「職場に笑顔はありますか?」という質問をよく投げかけます。もちろん「あります」と答える方もいますが、圧倒的に「あるだろうか?」という反応や「いいえ」と首を横に振る方のほうが多いのです。その状況では、お客様に対する心からのサービスは生まれにくいでしょう。管理職の皆様にはぜひ「職場を笑顔にするにはどうしたらよいのか」という問いを持ってマネジメントしていただきたいものです。

PART 2
部下の指導・育成

序 部下は上手に育っていますか？

松下幸之助氏は『人を活かす経営（ＰＨＰ研究所）』の中で、「私は、お互い人間はあたかもダイヤモンドの原石のごときものだと考えている。つまり、ダイヤモンドの原石は磨くことによって光を放つ。しかもそれは、磨き方いかん、カットの仕方いかんで、さまざまに異なる燦然とした輝きを放つのである。それと同じように、人間はだれもが、磨けばそれぞれに光、さまざまなすばらしい素質をもっている。だから、人を育て、活かすにあたっても、まずそういう人間の本質というものをよく認識して、それぞれの人がもっているすぐれた素質が生きるような配慮をしていく。それがやはり、基本ではないか。もしそういう認識がなければ、いくらよき人材がそこにあっても、その人を人材として活かすことは難しいと思う」と述べています。

部下に対し「ダイヤモンドの原石」と信頼したうえで、それぞれの良さを引き出す育成をしていくことが大切なのですが、これがなかなか難しいのが現状です。しかし、上司が一人ひとりと丁寧に向き合っていくことが「磨く」ことの第一歩といえるでしょう。

郵便はがき

料金受取人払郵便

中野支店承認

4557

差出有効期間
平成27年2月
15日まで

1 6 4 - 8 7 9 0

208

東京都中野区
中央1－13－9

株式会社近代セールス社
ご愛読者係 行

ご住所	〒□□□-□□□□ □自宅 □勤務先（いずれかに☑印を） ☎（　　　）　　－			
お名前	（フリガナ）			
Eメールアドレス				
ご職業			年齢	歳

＊ご記入いただいた住所やEメールアドレスなどに、小社より新刊書籍などのご案内を送らせていただいてもよろしいですか。
□送ってかまわない　□送らないでほしい

※当社は、お客様より取得させていただいた個人情報を適切に管理し、お客様の同意を得ずに第三者に提供、開示等一切いたしません。

●アンケートへのご協力をお願いします●

本書をお買い上げいただき、ありがとうございました。今後の企画の参考にさせていただきたく、以下のアンケートにご協力をお願いいたします。毎月５人の方に図書カード（1000円分）をお送りいたします。

(1) お買い上げいただきました本の書名

(2) 本書をどこで購入されましたか

□一般書店（書店名　　　　　　　　）□インターネット書店（書店名　　　　　　　　）
□勤務先からのあっせんで　□小社への直接注文
□その他（具体的に　　　　　　　　）

(3) 本書をどのようにしてお知りになりましたか

□書店で見て　□新聞広告を見て　□勤務先からの紹介　□知人の紹介
□雑誌・テレビで見て（ご覧になった媒体・番組名　　　　　　　　）
□ダイレクトメール　□その他（　　　　　　　　）

(4) 本書についての感想をお聞かせください

(5) 今後お読みになりたいテーマ・ジャンルをお教えください

ご協力ありがとうございました。

部下育成研修
人間は磨けば輝く
ダイヤモンドの原石
人間は磨けば輝く
ダイヤモンドの原石
松下幸之助
ダイヤモンドの原石かぁ…
目標
はぁ はぁ はぁ はぁ
不合格
ドーン
難題
ムリ…
頑張ってるのに…
くすん…
どうやったらうまく育ってくれるんだろう…
はぁ〜〜

13 目標につぶされそうな部下

Q ハイカウンターでよくお客様と話してニーズを開拓していた女性職員（20代女性）を、2ヵ月前に預かり資産担当に異動させたのですが、成長が思わしくありません。異動した当初は本人も張り切っていたのに、なかなか成果が出ず暗い表情が増えました。どうやらハイカウンターの時には少なかった目標額が大きくなったことが辛いようです。何とかプレッシャーをはねのけて欲しいのですが…。

A 一つひとつ成功体験を積み重ねさせる

仕事の特性上、金融機関にはもともと真面目な性格の人が多いようです。そのせいか、目標数字を必要以上に重く捉え、プレッシャーに感じているケースもよく見かけます。以前はのびのびとセールスしていたのに、目標を意識した途端にその人らしさが影を潜め、ガツガツとしたセールスになってしまい、結局成果につながっていないという事例もあります。

このケースも、適性があると考えて異動させたものの、うまくいかず萎縮してしまっているのかもしれません。まずは、「できる」という自信をつけさせることが最も大事です。

目標数字の達成には期限がありますので焦る気持ちが出てくるでしょうが、それは横に置き、「まずは一件成約」を目指させましょう。それも、成約だけを成果とするのではなく、その前のプロセスでの小さな目標（「お客様に電話でアポを取った」「お客様によい情報を提供して感謝された」など）について、「できた」または「できている」という実感を持たせていきましょう。その際は、Ｔｉｐｓ２のＹｏｕメッセージ、Ｉメッセージを活用して、きちんとほめることが大事です。

もしうまくいかない時は励ましましょう。その際に気をつけたいのがＴｉｐｓ８です。

Tips 8

「大丈夫！」は常に励ましになるわけではない

「仕事がうまくいかない」という悩みを打ち明けられたとき、「励まそう」という思いでやってしまいがちなのが、「大丈夫だよ！」という声かけです。しかし、これは必ずしも励ましになっていないことがありますので注意が必要です。

「うまくいかない」と相談した上司や先輩に、「そんなことないよ。大丈夫、大丈夫！」と言われたら、どう感じるでしょうか。気持ちを受け止めてもらえないという感覚が残るはずです。ここで必要なのは不安や葛藤を相手に受け止めてもらうことです。本人が「うまくいかない」と言っているのだから、事実はどうあれ、それを肯定的に受け止めます。「そうなんだ、うまくいかないんだね」「うまくいかないと思ってるんだ」という風に、「うまくいっていない」という評価を下すのではなく、「部下が『うまくいっていない』と認識していること」を肯定的に受け止めるのです。

そして、それに対して質問をして掘り下げていきます。「なぜそう思うの？」「どんなところがうまくいっていないんだろう？」などと、うまくいっていないところについて、思う存分語ってもらいましょう。自分自身の気持ちが整理されていきます。この時、ただただネガティブな気持ちに耳を傾けようというスタンスでいること、「何とかしてやろう」と問題解決をしようと思わないことが重要です。

そして、不安や葛藤が出つくしたところで、「どうしたらうまくいくんだろう？」と質問したり、アドバイスをしたりしていくとよいでしょう。

このケースの場合、たとえ失敗しても丁寧に励ましながら進んでいくイメージが良さそうです。私が指導をしていた営業担当者も、1つ成功したら、その後はどんどんと成績を伸ばしていったケースが複数ありました。「自信」は人を大きく成長させるのです。

バシッ
大丈夫！大丈夫‼
みんな失敗
するんだから！
はぁ〜
そっか〜
失敗してガッカリ
したんだね

14 試験になかなか合格できない部下

Q 2年目の男性職員は、難易度の高い試験だけでなく、受験者のほとんどが合格するような試験でもなかなか受かりません。大卒で、業務も支障なく行っていますが、試験そのものが不得手のようで、最近は諦めているようにも見えます。忙しくて勉強が十分にできないと言いますが、一番の理由は「気分が乗らない」ということのようです。一定の試験に受からないと昇格できない規程なので、このままではキャリアパスに影響するのではないかと心配です。

A ゴールイメージでモチベーションアップを促そう

金融機関の若手職員は、入社してすぐに（あるいは入社前から）、様々な通信教育講座を受講したり、資格試験を受けたりしなければならず、その状態が数年間続きます。試験合格や通信教育の受講が昇格要件になっていることも多く、まるで受験生のような日々を過ごしている職員も多いと聞きます。

試験の内容が、現在の業務に直接関係していればよいのですが、必ずしもそうでない試験については、勉強のモチベーションを維持するのも大変でしょう。

「気分が乗らない」つまりモチベーションが上がらない状況での試験勉強が大変なのは、誰しも経験済みではないでしょうか。多くの人が「やらなければならない！」という〝義務感〟で勉強しているはずです。そして本ケースの職員は、この義務感で勉強することがうまくできていないようです。

ここで、「合格しなければダメだ！　勉強しろ！」という指示命令だけで部下は動きません（Ｔｉｐｓ３「指示命令はやらされ感につながる」参照）。この職員が、自分の中から少しでも「勉強したい」という気持ちになるような働きかけをしていきたいものです。

モチベーションが上がる方法は人それぞれなのですが、１つの方法として「ゴールイメージを持たせる」というものがあります。「目の前の試験に受かったらどんな良いことがあるか」でもいいですし、「試験に一度でどんどん合格していったらどのような気持ちになるか？（どのような影響があるか？）」でもいいでしょう。

その職員と話す際に、そのような問いを投げかけ、ポジティブなゴールイメージを持つよう

不合格
はぁ〜〜〜…
受かったらどんな風になりたい？
そーだなぁ…
お任せ下さい！
○○BANK
××アドバイザー
□山△男
よし！がんばるぞ〜〜

促していきましょう。試験は、不合格より合格のほうが当然本人にとっても心地良いはずですから、それで勉強する気になる可能性もあります。

そのうえで、「時間をどのようにつくるか」「効率的に勉強するにはどうしたらよいか」などのアドバイスをしていくと効果的です。

15 セールスをすぐに諦める部下

Q

20代後半の渉外担当者は、目標数字を達成できないことに対して欲がありません。もう一歩踏み込めば獲得できるかもしれない案件でも、その「もう一歩」がないのです。先日も、保険のニーズがありそうなお客様に一度断られただけで諦めてしまいました。「セールスは断られてから」と教えているのですが、その後のアプローチをしません。このままだと営業職としての成長が見込めませんし、今期の目標数字にもほど遠いので、もっと頑張って欲しいのですが…。

A 共感して対処を教えよう

目標数字達成への指令が厳しくなっている中、管理職として「もっと数字を獲らなければ」という気持ちになるのは当然のことです。「最近の若手はもう一押しが足りない」という悩みもよく耳にします。「以前は断られても、お客様のもとに足を運んだものだ」と感じている方も多いようです。

しかし、最近では「セールスの一押し」が難しくなっています。その理由は2つ。まず1つ目は、コンプライアンス上の問題で、「押し」の塩梅が難しいということです。リスクのある市場性商品を扱ううえでは、お客様に「間に合っています」などと言われると、それ以上セールスを継続するのが難しいというのが実情でしょう。

2つ目は、断られることに対するネガティブ感情が必要以上に大きいことです。金融機関に勤務している職員は、ガツガツとしたいわゆる〝肉食系セールス〟を苦手とする人が多く、その一方で、お客様からは肉食系セールスでないことにより安心感、信頼感を持たれています。そのため、強く提案することを得意とする人より、苦手とする人のほうが多数派です。

また、「断られた＝否定された」と感じて傷ついてしまう人がかなりの数います。そうなると、「もう一歩」が少ないというのもうなずけます。ここで避けたいのは、昔ながらのやり方での「もう一歩」を押しつけないことです。まずは、「共感すること」が大切です。

共感的反応で心を寄り添わせる

共感とは、「違う立場であっても、相手の気持ちを理解して肯定的に受け止める反応」のことです。相手の気持ちを否定せず寄り添うことで、相手を尊重していると伝えることができます。

共感は、「私もそう思います」という「同意」とは異なります。つまり、同じ思いや同じ意見でなくてもよいのです。たとえ、異なる思い、意見であっても「相手がそう思っているのを理解しました」という反応をしていきます。

例えば、

「そうなんですね」
「○○さんはそう思っているんですね」
「そう感じたんですね」

というように反応していきます。

ですから、共感しながら別の意見を述べることも可能です。自分の意見は、これらの共感的反応をした後に伝えます。部下との面談や議論等の時、「なるほど。○○さんはそのように考えるんですね。しかし、私は…」という風に続けていけばよいのです。

この共感的反応を入れる、入れないで、対話の雰囲気は劇的に変わります。通常は考え方が違うと合意ができにくいものですが、「自分の気持ちを受け止められている」または「気持ちに寄り添ってもらえている」という事実があると、何らかの合意点を見つけることが容易になったり、説得が可能になったりします。

このケースでは、「もう一歩」ができない理由にしっかり耳を傾けていくことが大切です。例えば、「一度断られると嫌がられると思うので、その後プッシュできないんです」→「なるほど。そういう風に思うんだね。確かに嫌がるお客様もいらっしゃるよね」「もう一歩のやり方が分からないんです」→「そうか。やり方が分からないんだね」といった具合です。

そして、十分に相手の気持ちに共感したうえでアドバイスをしていくとよいでしょう。

実はこの共感的反応は、セールスの「もう一歩」にも活用できます。

お客様から「今はまだ考えていないんだよね」などと言われた際に、「そうなんですね。今はまだお考えの時期ではないんですね。では、どのような運用（調達）の見通しをお考えなのでしょうか？」というように、別のニーズを探る会話を進めるために、まずお客様の気持ちに共感することができます。

そして、この方法はお客様にも嫌な気持ちを起こさせにくいため、「もう一歩」が苦手な職員にもハードルが低い対処方法となるのです。

16 モチベーションが低い中堅の部下

Q 私の部下である30代男性の主任は、窓口を含めたチームのリーダーなのですが、仕事に積極性が見られません。窓口でトラブルが発生したり、お客様から苦情の電話が入ったりして、部下がサポートを求めている時にはほぼ離席しています。目標数字も主任自身が達成していないので、部下もそれに習ってしまっているようです。結局必要な時には私が対処し、目標達成のハッパをかけていますが、主任が途中でエネルギーをダウンさせてしまいうまくいきません。

A 「外発的動機づけ↓内発的動機づけ」を意識して指導

人は、周りの環境に大きく影響されます。したがって、モチベーションが極端に低い人がいた場合、それがたとえ一人であったとしても、マイナスオーラに巻き込まれてしまいます。

心理学者のケリー・マクゴニガルも『スタンフォードの自分を変える教室（2012　大和書房）』で「意志力は感染する」と、人の意識は周りに影響していくことを述べています。特に上位者の影響は大きくなります。

このケースでは、業務にも現実的に支障が出てきているようですから、早急に対処する必要性があるといえます。

モチベーションアップを考える際、踏まえておきたいのが「外発的動機づけ」と「内発的動機づけ」の違いです。

Tips 10

最初は外発的に動機づけ、次に内発的動機づけへの移行を狙う

まず外発的動機づけとは、「外から提供される報酬（金銭的報酬、昇進、表彰、称賛、承認、受容など）による動機づけ」をいいます。それに対し、内発的動機づけは、「達成感、成長感、有能感、仕事などそれ自体の楽しみ、自己実現」など、内から出てくるものに突き動かされる動機づけのことをいいます。

人をやる気にさせるには、まずその人を認めるなどして外発的な動機づけをすることが可能ですが、ずっとそのままというわけにはいきません。例えば、金銭的報酬でずっと動機づけし続けることや、ほめ続けることもできません。

ですから、望ましいのは外発的動機づけによってやる気を出した人が、仕事に積極的に取り組むうちに、達成感、成長感、有能感を覚えたり、仕事自体に面白さを感じたりということで内発的動機づけに移ることです。

ただし、内発的動機づけを外からコントロールすることはできません。できることは、承認、チームでの受容などで外発的動機づけを試みることです。そして、本人が内発的動機づけに移行することを意識しながら育成していくことが重要でしょう。

この主任の場合は、モチベーションが下がった何らかの原因があるはずです。まずはそれを聴き取り、共感、受容していくことがスタートです。

そのうえで、主任の強み、職場での期待等を伝えていくことで外発的動機づけを意識しましょう。そこで少しでも積極性が見られたらしめたものです。承認することで、仕事の面白さややり甲斐を感じられるようにサポートしていくことができます。

外発的動機づけ

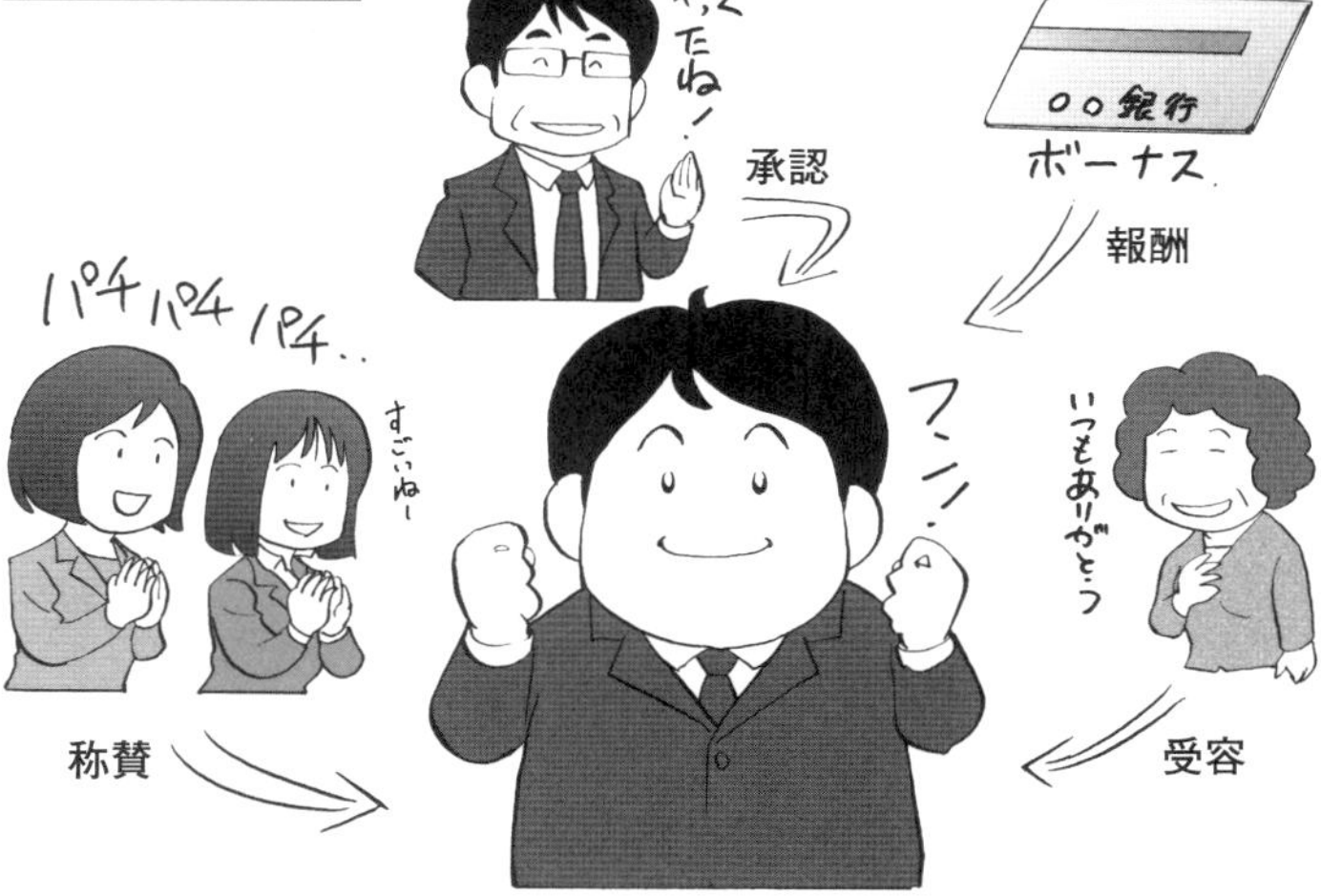
よくやったね！

内発的動機づけ

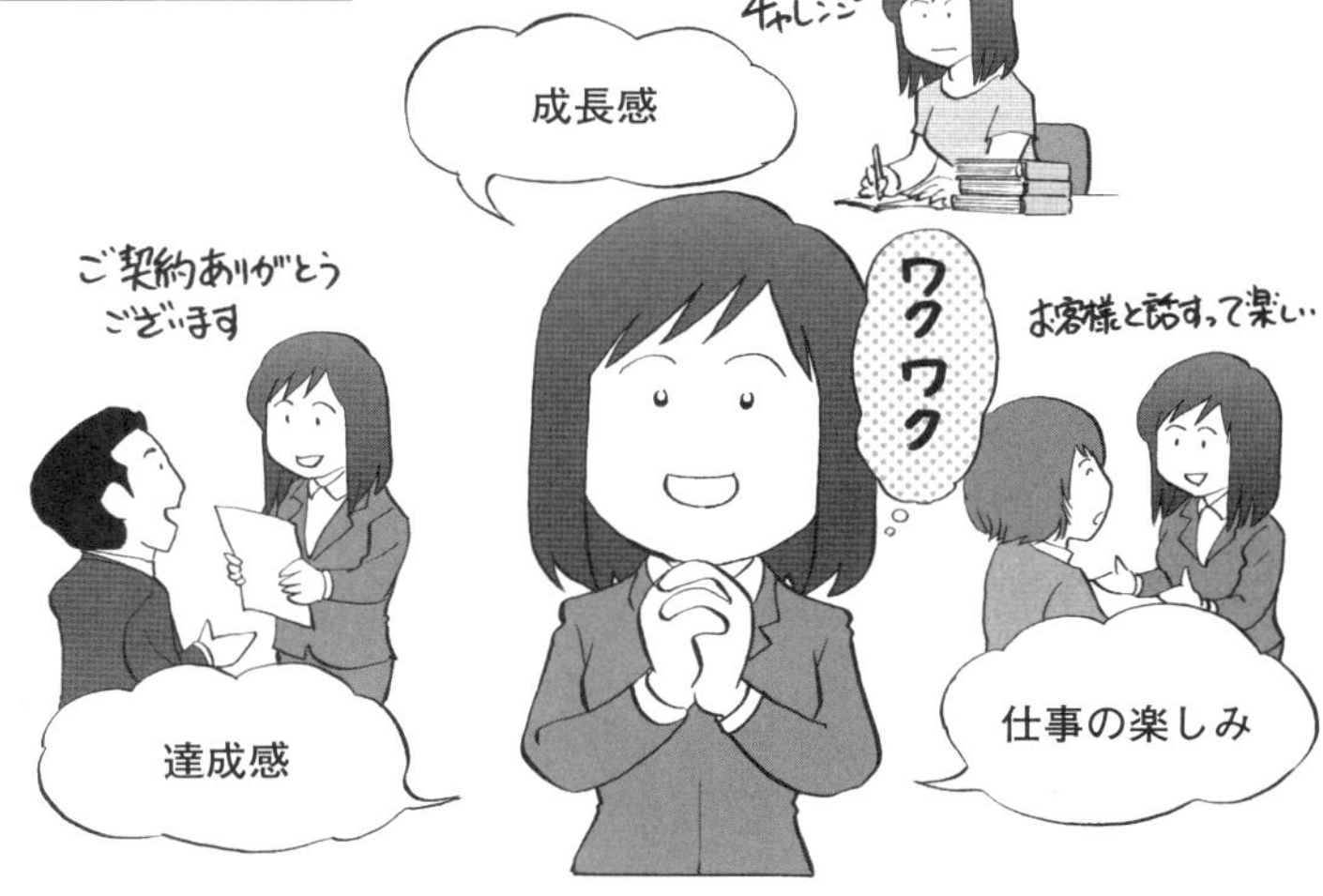
新しいことにチャレンジ

17 ミスをして自信を失っている部下

Q 30代男性の渉外担当者が、大きなミスをして自信をなくしています。取引先を失いかけるほどのミスでしたが、本部や支店長のフォローで何とか収めることができました。それからというもの元気がありません。担当先には何とか足を運んでいますが、以前のように新たなチャンスを探す様子はなくなりました。もともとは優秀な職員で新規開拓も進んで行っていましたが、上司やお客様に迷惑をかけたことをかなり引きずっているようです。

A よく傾聴し、自ら原因を分析させよう

大きなミスというのは誰しも経験するものです。しかし、この職員のように取引先を失うかどうかというものでは、かなり負担となったことでしょう。この場合、気をつけなければなら

ないのが、「Tips8『大丈夫！』は常に励ましになるわけではない」です。落ち込んでいる人を見ると、つい「大丈夫だよ！」と言いたくなりますが、この場合も、本人が消化不良の状態でいくら大丈夫と言われても受け入れられるものではありません。

まずやらなければならないのが、やはり傾聴と共感です。そして、ここで特に促したいのが自分自身で自信の種を見つけてもらうことです。

Tips 11

言語化で潜在意識にある可能性を引き出す

人には、顕在意識と潜在意識があります。これは氷山のようなものです。水面より上に出ているのはほんの一部で、水面下には大きな氷の塊があります。顕在意識と潜在意識も同じような状況です。顕在化している意識はほんの一部で、潜在化している意識が大きいのです。顕在化している意識とは「こう思っている」と自覚していること、潜在意識は自分の心の中にはあるものの忘れていたりして現在気づいていないことです。

例えば、テレビの料理番組を見てカレーが食べたくなったとします。その番組を見る前は特に食べたくなかったとしたら、潜在意識にあったものが、テレビ番組によって顕在化されたと考えられます。

このように、何かを見たり聞いたりして、潜在意識にあったものが顕在化することもあ

ります が、もう1つ重要な機能があります。何かを話す、つまり「言語化」することによって、潜在意識にあったものが顕在化するのです。

友達に悩みの相談に乗ってもらった時、自分で話しているうちに物事が整理され、解決方法が見つかるという経験は、誰しもあると思います。人は何かを話しながら、潜在意識にアクセスして「何か」を探し出して顕在化していくのです。

したがって、傾聴、共感して相手に話させるというのは大変効果的なのです。

この職員には、まず思う存分語らせることが大事です。その際は傾聴と共感姿勢を貫いて指示、アドバイスなどを行わないことです。ミスをして辛い気持ち、自信を失っていること、それによる影響など、何でも話してもらいましょう。起きたことや原因などを自分で整理していくはずです。同時に気持ちの整理もしていくでしょう。

話しつくしたところで、「何が原因だったの?」「同じことが起きないようにどうしたらよいと思う?」と質問を投げ、一緒に解決方法を探っていくことができます。

ただし、これは精神的に健全な場合です。もしメンタルヘルスにかかわるほどの落ち込み、不眠、食欲不振、頭痛などのストレス反応が出ている場合は、ひたすら聴いていったほうがよいと思われます（「28　部下が急にふさぎこんでいる」参照）。

18 泣く部下

泣かれると注意できない…

Q 最近は、女性だけでなく男性部下も人前で泣くようになりました。今年の男性新入社員ですが、女性の先輩に注意されただけで泣いてしまいます。その先輩女性に「○○さんはちょっと厳しく言うと泣くので指導しにくい」と訴えられました。私も仕事に関して注意したいことがあるのですが、もし泣かれた場合、どう対処すればいいのか分かりません。

A 感情の表出はチャンスと捉えよう

男女にかかわらず、相手に「泣かれる」という行為を苦手とする上司は多いようです。これは、男性上司（先輩）と女性部下（後輩）の組み合わせだけでなく、男性同士、女性同士でも同じですし、女性上司（先輩）と男性部下（後輩）でも同様とのことです。

面談時、話がせっかく良い方向に向かっていたのに、泣かれることでビビってしまい、その後何も言えなくなったり、面談をそこで終了してしまったりするケースも多いようです。しかし、それは大変もったいないことです。

「泣く」という行為は、感情が表出する瞬間です。そこで知りたいのが、その涙の意味です。悔しさなのか、悲しみなのか、嫌悪感なのか、涙の意味によって、どこを成長させるべきかが異なってきます。「どうして泣いてるの？」でもいいでしょうし、「涙を流しているけれど、今どんな気持ちになっているの？」などと質問してもいいでしょう。泣いているその瞬間に、涙の背景を尋ねることが大切です。

その背景を話すことで、上司との関係自体が変化するでしょうし、育成の方向性も変わってきます。泣かれた時は、相手の心を知るチャンスなのです。

19 目標を達成しようとしない部下

Q 窓口を担当する28歳の女性職員が、目標を達成しようとしません。中堅の彼女が積極的にセールスをしてくれないせいか、若手の意欲も低下しています。自分達だけ頑張るのがバカバカしいと言っているらしいです。面談のたびに何度も目標数字達成の重要性は伝えていますし、その時は「分かりました」と答えます。しかし、現実的にはやる気が見えません。どうしたらやる気になってもらえるのか日々悩んでいます。

A 目標の意味をブレイクダウンして伝える

「13　目標につぶされそうな部下」で述べたように、金融機関の職員には目標数字の達成を重く捉えすぎてプレッシャーに感じる人が多いのですが、一方で「別に達成する必要はない」と割り切ってしまい、セールスに取り組まない職員もいます。その温度差が、潜在的な問題になっている現場も多々あります。達成しない場合も、降格や退職といったペナルティはないことが多いので、「やらない」という選択をする職員もいることでしょう。

ここで、上司がやらないほうがよいのは「価値観の押しつけ」です。「仕事なのだからやるべきだ」などという考え方を押しつけられると、反発が起きます。「Ｔｉｐｓ７　触れていいのは行動だけ」で述べたように、いかなる場合も価値観に踏み込むのはＮＧなのです。

それよりも伝えなければならないのが、目標の意味です。目標管理制度を取り入れている金融機関は多くありますが、目標管理の意味は「Management by Objectives」つまり「目標によるマネジメント」です。目標を上司と部下が共有し、それを達成するプロセスを通じて適切にマネジメントしましょう――ということです。しかし現状は、目標数字をただ伝え、その進捗状況をチェックするという「Manegement of Objectives」（目標数字の管理）になってしまっているパターンもあるようです。

現場の職員には、「達成すると、来期の目標数字を1・5倍にされる」などと嫌気がさしている人もいます。そうなると、ただ目標数字を押しつけられ、やらされ感１００％の中で仕事をしなければなりません。それでは、やっていても苦しいでしょうし、「やらない」という選択をする職員も出てくるでしょう。

目標数字には意味があるはずです。なぜ今期はこの商品を重点的に売るのか、目標数字が増加したのはどうしてなのか、達成するとどのようなことを組織または顧客（世の中）にもたらすのかなど、伝えなければいけないことがたくさんあります。人は意義を感じることで動きたくなるのです。本部から割り当てられた数字を部下に伝える際は、その意味・意義を、それぞれの担当者に合わせてブレイクダウンして伝えていくことを心がけましょう。

それを伝え、どうやったら達成できるのかを職員とよく話し合い、協働していく姿勢を見せていくことが部下を動かす可能性につながります。

PART 3
部下との人間関係

序　コミュニケーションは十分ですか？

ある金融機関の営業店を訪れました。窓口の方をはじめ、どの職員の方も非常に感じが良いのです。支店長との面談が用事だったので支店長室に入ったのですが、特にプライバシーに関する面談ではなかったためドアが開いています。

面談中も、出かけていく職員は必ず笑顔で「行って参ります！」と挨拶し、帰ってきた職員は「ただいま帰りました！」と元気に挨拶します。それに対し、支店長は「行ってらっしゃい」「お疲れ様」と答えます。「雰囲気がいいですね」と言うと、「部下達は息子、娘みたいなものなんですよ」と。仕事上だけでなく、プライベートな相談も多く持ちかけられ、それに対し心から心配し、応援するとおっしゃっていました。

上司と部下が心でつながっている職場は、こういうところだと感じたものでした。実際、業績面でもうまくいっているというお話でした。マネジメントの肝は、部下の心をいかにつかみチームとしてまとめていくかです。その面で、部下との関係構築ができていないというのは、大きな問題です。人と人として心を通わせていくにはどうしたらよいのでしょうか。

おはよう！
～～ざいます…
ペコ
ええと…
すわる所は…
でねー
そうなのー
隣いいかな？
私達はもう終わったんで
どうぞ
お疲れ様！一杯どうだい？
今日は用事がありますので…
お酒飲めないので…
では
う～ん…

20 部下の反応が薄い

何を考えているのか分からない…

Q 私は40代ですが、20代の男性部下が何を考えているのかさっぱり分かりません。注意をしても特に返事がなく、「分かってるのか?」と尋ねると「はい…」と小さな声で答えます。先輩の女性職員からも「仕事を教えても、理解できたのかどうかが分からない」と言われました。もともと感情を表に出さないタイプだと思いますが、私が20代の頃はこういうタイプはいなかったように思います。

A 世代の差や特性を意識し、「相手の言語」でかかわろう

20代の部下と40代の上司、約20歳の年齢差があります。まずは、世代の差があることを認識しておきましょう。「8　協力をしない部下」でも少し述べましたが、昨今は面と向かって人とコミュニケーションを取らずとも生活には支障がありません。

高校時代にポケベルでコミュニケーションを取り始めた世代からは特に、コミュニケーションの取り方に変化が出始めました。ポケベル→ＰＨＳ→携帯電話→スマートフォンと、ＩＴツールの発達に伴い、コミュニケーションツールも、メールからＳＮＳ、無料通話アプリのトーク（チャット）など、日進月歩で進化しており、対面でのコミュニケーションからは遠く離れつつあります。

20代の部下は、もはやポケベルやＰＨＳの世代でもありません。物心ついた頃から携帯電話が当たり前にあり、最新のＩＴ機器やコミュニケーションツールを使いこなしています。おそらく、上の世代が「これなら直接話したほうが早い」というものが、20代にとっては「直接話すよりツールを使ったほうが早くて効率的」なのです。

そんな中で、昔ながらの「話して自分を表現する」という機会は減少しています。以前は反応しなければ自分を表現できなかったものの、今は反応しなくても表現方法ができてしまったのですから、それが徹底的に苦手な職員が出てくるのも当然なのかもしれません。

次に、もともと感情表現が苦手なタイプがいるということも認識しておきましょう。感情表現が豊かな人は、すべての人が心の中を表情などに表すことができると思ってしまいがちですが、それができない人は少なからずいます。しかし、彼らは決して何も感じていないわけではないのです。

私の周囲にも、この部下と同じ世代で反応が薄い人（男性）がいます。私にとってコミュニケーションを取りやすいような反応を返すのは、彼には到底ハードルが高そうです。しかし、考えていることや感じていることがないわけではありませんので、それをどうしたら引き出せるのかを考えました。

本来はたくさんのことを引き出したいので、Ｔｉｐｓ１で述べた「オープンな質問」を投げかけたいのですが、たとえそれを投げかけても多くの言葉は返ってきません。時には黙り込んでしまうこともあります。そこで、徹底的に「クローズな質問」を投げかけ、「ＹＥＳ」「ＮＯ」で答えてもらうようにしました。ここで大事なことは、たとえ会話が盛り上がっていないように感じられても（当然そう感じられるのですが…）、こちら側がそれを不十分だと思わないことです。

そして、「どう思う？」という問いではなく「あなたの考えを聞かせて欲しい」、「どうして？」ではなく「その根拠は？」などと、相手の「辞書」にありそうな言葉で質問を投げかけていきました。すると、変化が訪れました。少しずつですが、こちらが望ましいと思う反応が出てきたのです。そして、その時は「傾聴」と「共感」を大切にしました。

そのやり取りを続けているうちに、次第に反応が見られるようになってきて、心の内も彼なりのやり方で話してくれるようになったのでした。

このケースでは、相手の状況や特性を否定することなく尊重し、「相手の言語」でかかわっていったことが功を奏したのだと考えられます。反応が薄い部下には、「相手の言語」を意識して使ってみましょう。心が開いてくれれば、スムーズなコミュニケーションが取れていくはずです。

21 話しかけても部下が会話に乗ってこない

Q マネジメント研修で、部下への声かけが大事と聞きました。上司から声をかけるのは甘やかすことになると、威厳を持った上司として振る舞ってきましたが、考え方を変えることにしました。しかし、「調子はどうだ？」「うまくいってるか？」などと声をかけても、部下の反応はよくありません。会話になるどころか、萎縮しているようにも感じられます。私の声かけは何が悪いのでしょうか？

A 部下との関係をまずメンテナンスしよう

部下マネジメントに、日常の声かけは確かに効果的です。ただし、声かけさえすれば何もかもがうまくいくわけではありません。その理由について述べていきます。

Tips 12

「関係性」が影響する

コミュニケーションには3つの要素があります。1つ目はスキルです。話し方や聴き方など、やり取りの技術的な部分です。

2つ目はラポールです。これはフランス語が語源で「共鳴」という意味です。心理学用語として使われていますが、ギクシャクしていない、良い雰囲気になっている状態です。会話をしていて、内容的には成立していても何となく噛み合っていないような状況というのは、ラポールがとれていないといえます。

3つ目はコンテクストです。これは「前後関係」や「背景」を指します。コミュニケーションには、それまでの当事者間の歴史や背景、つまり〝関係性〟がかかわってきます。言葉にお互いの間の歴史が乗っかってしまう

イメージです。

昨今、すべての企業においてセクハラ防止は厳格さを増していますが、もし「セクハラかどうか」の判断が曖昧な言葉があったとします。そういった言葉をAさんから言われると別にどうということはないけれど、Bさんから言われると嫌悪感を覚える（つまりセクハラ）ということはないでしょうか。これこそ、お互いの関係性が影響しているのです。過去に、Bさんから「いやらしい人」と思うような言動をされたことがあったとしたら、その後のBさんの発言には「いやらしいBさんが言っている言葉」という説明が常についてまわるのです。

声かけする一言一言には、それまでの人間関係が影響することを理解しましょう。


また、この上司は「以前は威厳を持って振る舞っていた」と自覚しています。声をかけたら部下が萎縮していたという様子からも、もしかしたら、ずっと上から目線で接してきていたのかもしれません。サッカー日本女子代表チームの佐々木則夫監督は、その著書『なでしこ力 さあ、一緒に世界一になろう！（2011 講談社）』の中で、「上から目線」ならぬ「横から目線」という表現で、目線を選手と同じくすることの大切さを述べています。

上から目線は、部下からすると、「チェックされている」「上司より劣って見られている」という印象です。そうなると、声かけをされても「悪いところを見つけられて何か言われる」と警戒するのも当然です。声かけだけでなく、「部下を尊重しよう」ということを自分自身でコミットしたうえで、同じ目線になることを意識し、日常から接していくとよいでしょう。

22 相性の悪い部下がいる

Q
苦手な部下がいます。仕事上は普通に接していますが、仕事の仕方も価値観も合いません。周りを盛り上げたいのかもしれませんが、チャラチャラして軽薄に見えます。得意先に同行することもありますが、関係ない話をしてなかなか本題に入らなかったり、大事な話の時に茶化したり、信じられないと感じます。細かい事務仕事には抜けも多くあります。面談で注意したこともありましたが、軽い返事をされてから言いたくなくなりました。部下も私を苦手と思っているらしく、コミュニケーションが少なくなってきています。

A
相手の良いところを見つけ、×印をはずそう

行動パターンや思考パターンの違いやフィーリングが異なることによって「相性が悪い」と

感じる人というのは誰しもいるものです。プライベートであれば、「付き合わない」という選択もあります。

しかし、仕事の場面、特に部下にそういう人がいた場合は、付き合わないわけにはいきませんし、チームの一員として育成、評価していかなければなりません。相性の良い部下が他にいた場合、上司の主観によって公平性が保たれず適切な評価がされないリスクもありますので、克服したい課題です。

克服のポイントは、「相手が悪い」という認識をなくすことです。質問の行間からは、「自分は正しく相手が悪い」と決めている印象を受けます。果たしてそうなのでしょうか?

人の行動傾向には、それぞれ違いがあります。人と接する際に、場の雰囲気を大切にする人もいれば、それほど必要ないと考える人もいます。仕事においても、要領良くこなしていく人もいれば、一つひとつ細かいところまで完璧にしながら進める人もいます。

実は、同じ行動傾向の人が集まるとチームの生産性は低下します。多分、このケースの部下のような人ばかりが集まっている場合は〝楽しいけれどミスが多いチーム〟になり、上司のような人ばかりが集まっている場合は〝いつも皆が細かいところまでチェックするので物事のスピードが極端に遅いチーム〟になるでしょう。多様な人がチームを構成するからこそ、強くなっていくのです。

×印をはずす

強みを認める　　　　　　決めつけない

上司は、まず自分と違う行動傾向の部下の「強み」を認めていきましょう。この部下の場合は、「社交的」「ムードメーカー」「機動力」「お客様との関係構築」などが挙げられるかもしれません。そして、そのことを部下に伝えます。Ｔｉｐｓ２で述べた、Ｙｏｕメッセージ、Ｉメッセージを使い分けていくとよいでしょう。

この際、「相手が悪い」という相手に対する×印ははずします。これを心に持っていることは、相手になぜか伝わり、「上司に×印をつけられている」とお互い避け合うようになり、より相性が悪くなっていきます。

まずは上司から歩み寄り、相性の悪いとされる部下とも良い関係をつくれるようになっていきたいものです。

23 部下が話しかけてこない

Q 目線を下げたコミュニケーションを意識して2ヵ月が経ちました。仕事外でも飲みに誘ったりして、関係は良くなってきたと感じています。しかし、業務に関する最低限のこと以外、部下からは話しかけてきません。こちらから声をかけると「実は…」と相談されることがありますが、報・連・相が不足していると感じます。双方向のコミュニケーションが盛んな活気あるチームが理想なのですが…。

A 心を開いて要望を伝えてみよう

上司が、チームのコミュニケーションを活性化しようとするのは素晴らしいことです。報・連・相だけでなく、情報や価値観の共有がスムーズに行われるチームの力は強いものでしょう。

部下からのコミュニケーションがない原因の1つは、Tips 12の関係性の影響が考えられます。この質問からは分かりませんが、もしかしたら以前「上から目線」だったのがまだ影響しているとも考えられます。部下を尊重し「横から目線」にすることを意識し続けましょう。

次に、上司の想い（双方向のコミュニケーションがある活発なチーム）をオープンハートで伝えましょう。部下には心を開いて欲しいと言いつつ、上司自身が心を閉ざしていると、部下はコミュニケーションを取りづらいものです。良いコミュニケーションには、お互いが「オープンハート」になっていく必要があります。上司としてだけでなく、人として感じていることを、部下に伝えてみるのも効果があります。

これまでやってきたこと、これからやりたいことを伝え、どうしたらそれが実現できるのかを皆で話し合ってみてもいいでしょう。

24 年上の部下がいる

元先輩で指示しにくい…

Q 私が次長を務める支店に異動してきた40代の男性課長への接し方に戸惑っています。というのも、この課長は以前勤務していた支店での先輩で、仕事を教えてもらった人なのです。指示する際にも、つい「～していただけませんか」と遠慮している自分がいます。上司として強く言わなければならないと思うのですが、相手を傷つけたくはありませんし、どう接すればよいのでしょうか?

A 相手を尊重しつつ、役割の帽子を被り率直なコミュニケーションを

年功序列から能力評価を取り入れた人事制度への変化に伴い、自分より年齢が上の部下を持つケースが増えてきました。役割に沿ったコミュニケーションを取っていけば問題はないのですが、このケースのように、「先輩・後輩」だった立場が逆転すると、Tips12で述べたと

おり、以前の関係性が今のコミュニケーションにも影響して難しさを感じることでしょう。

たとえ年齢が上であっても以前先輩であっても、役割は遂行しなければなりません。その中で重要なことは、相手への敬意と尊重です。「先輩・後輩」という位置づけはいつになっても変わりませんが、肩書は「課長・次長」です。それぞれの「帽子」があるとしましょう。今は「後輩」の帽子を被っているのか、それとも「次長」の帽子を被っているのかを自分の中で区別しましょう。遠慮している状態というのは「次長」の帽子を被るべきなのに、「後輩」の帽子を被っている（あるいは2つ重ねて被ってしまっている）状態です。

次に伝え方です。これには、「アサーティブ」というコミュニケーションの考え方が役に立ちます。

Tips 13

アサーティブなコミュニケーション

アサーティブなコミュニケーションとは、「相手を尊重しながら、自分の気持ちや意見を、相手の権利を侵害することなく、誠実に、率直に、対等に表現するコミュニケーション」のことです。攻撃的でも受け身的でも作為的でもなく、ニュートラルな姿勢で伝えたいことを相手に伝わるように話します。

コミュニケーションはよくボールに例えられますが、相手にボールを受け取ってもらわなければコミュニケーションを取ったことになりません。攻撃的だったり、受け身的だったり、作為的だったりした場合、相手がボールを受け取れなかったり、受け取りたがらなかったりするでしょう。ここでは、「～して欲しい」という要求の伝え方を説明します。

(1) 気をつけたいこと

①的を絞る……要求を話し出すと、あれもこれも言いたくなりますが、たくさんのボールをいっぺんに投げても相手は受け取れません。具体的な要求を1つに絞りましょう。

②非言語のコミュニケーションを意識する……「非言語のコミュニケーション」というのは、言葉以外のもの、表情、動作、姿勢、声のトーンなどです。姿勢を正し、表情もしっかり、声のトーンもきっぱりと伝えましょう。語尾が消えたり、目線がオドオドしたりしないようにしましょう。

③感情を言葉にする……「言いにくいのですが…」「困っています」「残念です」など、自分の気持ちを言葉にしましょう。オープンマインドが相手との心の架け橋になります。

④相手を理解する……自分の要求を告げるだけでなく、相手の気持ちや状況を理解するスタンスでいましょう。

⑤シンプルに伝える……人には「相手に悪く思われたくない」という気持ちがあります。そこで、言いにくいことを伝える際に、不要なことをたくさんつけてしまいがちです。本

心と異なる不要な前置きやフォローをせず、要点をシンプルに伝えましょう。

(2) 伝え方

①事実を伝える……具体的、かつ客観的な事実を伝えます。

②感情を伝える……①に対して感じていることを伝えます。

③要求や提案を伝える……「～して欲しい」「～してはどうでしょうか?」と伝えます。

先輩部下にして欲しいことを伝えるのは、確かに高いハードルです。しかしこの場合、尊重は必要ですが、遠慮や萎縮は不要です。次長の帽子をしっかり被り、役割をきちんと遂行しましょう。それによってお互いの関係はより良いものになっていくはずです。

25 ああ言えばこう言う部下がいる

Q

ああ言えばこう言うタイプで、常に反発する20代女性職員に困っています。先日も髪の色が明る過ぎると注意したのですが、「何度も染めると髪にダメージがある。私の髪は細いのでそれが原因で抜けてしまうかもしれない」と、違う観点で反論されました。私も感情的になってしまい、まるでケンカのようになります。その後の不快感は言葉にできず、自己嫌悪に陥りますし、関係も悪化します。

A 説得しようとせず、質問で掘り下げる

共感、同意することなく、「ああ言えばこう言う人」と話していると、通常でも楽しくないものです。ましてや部下で、注意をしている時にそのようなことを言われれば、感情的になってしまうのは自然のことです。また、権力でねじ伏せようとしてもより反発され、状況はまず

改善されません。そして、関係性はより一層悪化します。

「素直さがない」と思ってしまいがちですが、もしかしたらこの職員には本当に伝えたいこと（ニーズ）があるのかもしれません（Tips5参照）。それを探っていきたいものです。そのために、かたまりを小さくする質問と大きくする質問を使っていくとよいでしょう。

Tips 14

チャンクダウンとチャンクアップ

「チャンクダウン」とは、かたまりを小さくする質問のことです。5W1Hのオープンな質問（Tips1参照）を使い、具体化していきます。

●チャンクダウンの例

A：銀行の仕事が向いていないんです。↓Q：なるほど。どんな風に向いていないの？

A：スピードについていけないんです。↓Q：どんな時にそう思うの？

A：お客様を待たせて入力すると焦って間違えるんです。そんな時に…。↓Q：焦ってしまうんだね。焦るとどうして間違えるの？

A：急ぐと頭が真っ白になるんです。↓Q：どうして真っ白になると思う？

このように具体化していくことによって、本当に言いたいことや本質に近づいていきます。また、内容によっては論理の矛盾も明らかになっていきます。

次に「チャンクアップ」ですが、これは小さなものをまとめる質問です。視点を広げ、物事を客観的に見ていく時に使います。

●チャンクアップの例

「どういう方向に進めばよいと思う?」

「これまでの答えをまとめると、○○さんはどうしたいの?」

この「チャンクダウン」と「チャンクアップ」を戦略的に使っていくことで、相手の論点が整理されたり、本質的なこと(ニーズ)を明確にすることが可能になります。

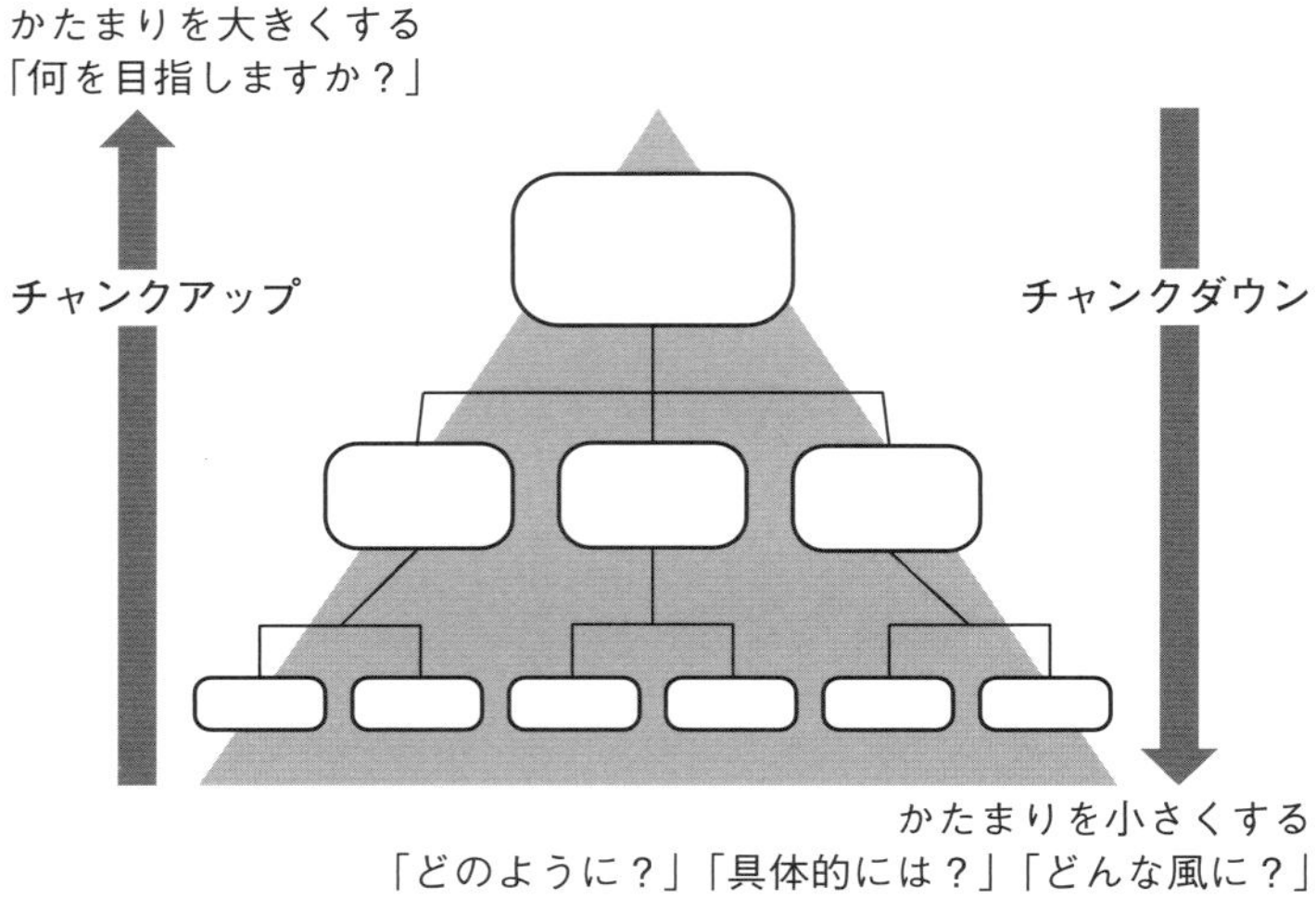

この職員の場合は、まず「ただ単に髪を染め直すのが嫌なのか」あるいは、「何らかの理由で反発しているだけなのか」を「チャンクダウン」して見定める必要があるでしょう。ただ、質問からは「常に反発する」という状況が予想されますので、何らかの理由があると考えられます。今の環境が嫌なのか、上司が嫌なのかもしれません。

または、「今の状況が辛い。誰かに自分のことを理解してほしい」というニーズがあるのかもしれません。

部下の本心が分かってきたら、共感しながらも、髪の色が周囲やお客様に与える影響を具体的に伝え、要求はアサーティブに伝えていく必要があります（Ｔｉｐｓ13参照）。

そして、タイミングを見て、「どういう風に仕事をしたいのか？」「今後どうなったらいいか？」など、大きな視点からあり方を考えてもらえる「チャンクアップ」質問を活用していくとよいでしょう。

お互いが「ああ言えばこう言う」と言い合っている状況はお互いにとって決して良くありません。コミュニケーションの方法を変え、関係性を変えていきたいものです。

26 部下が背中を見て学ばない

Q

近頃の部下は、言われたことしかやりません。昔は上司や先輩の背中を見て自ら学んだものです。店内美化は皆でやることなのに、ゴミを拾ったりパンフレットを整えるのはいつも私です。上司が動いていれば、自分もやらなければと認識するのが普通だと思いますが、部下達は「上司がやってくれてラッキー」「忙しいので上司にやって欲しい」という雰囲気です。似たようなことはたくさんあり、指示すると一度はやりますがその時だけです。こんな基本的なことはいちいち言いたくありません。部下に対する信頼も揺らいでいます。

A やってほしいことは明確に伝える

「昔はこうだった」というものが、ことごとく違っているのが今の状況です。

古来より日本人には「以心伝心」という概念が浸透していました。特に〝あり方〟に関するものは「言わなくても伝わるもの」といわれてきました。しかし、現在はこれが難しくなってきています。社会構造の変化により、個々人のバックグラウンドが多様化しました。それに従い、価値観の多様化も進んでいます。そうなると、もう似たような価値観の日本人が多かった時代の「以心伝心」は通用しなくなっています。

色々な人種がいる海外や国内の外資系企業では、ものを伝える際に「明確に言葉にしなければならない」とよく言われますが、日本企業でも同じような状況になってきている、物事が伝わりにくくなってきている――と考えてもよいのではないでしょうか。

実際、人事の方から新入社員について、「やらなければならないと明確に決まっていることはやるけれど、応用ができない」という話をよく聞きます。例えば「廊下で外部の方に出会ったら挨拶をするように」と伝えると、『廊下』では挨拶をするけれど、『その他の場所』では挨拶をしないというようなことです。

そうなると、やって欲しいことについては、はっきりとそのように伝える必要があります。それも抽象的な表現ではなく、「具体的に」伝えなければなりません。そして、「継続的」にやって欲しいのならば、そのことも明確に伝える必要があります。

上司がお客様を大切にする姿勢を見せることは大変大事なことで、これがなければ部下のC

Sマインドは育ちません。しかし、昔のような伝わり具合で「背中を見て育つ」への期待は高過ぎるものとなっていると理解したほうがよいでしょう。

27 研修に参加させても部下に変化がない

Q 主任になった28歳の男性部下を研修に参加させました。当社では余程のことがない限り主任までは昇格できる仕組みですが、現場では核となり仕事をしてもらいたい立場です。しかしこの職員はモチベーションが低く、決められたことだけこなすタイプです。実際、後輩のほうがしっかりしていてよく仕事をしています。研修内容には、主任の役割認識や意識づけ、リーダーシップ等が含まれていて大いに期待していたのですが、研修参加後も全く変化がありません。

A 研修を活かすには現場のフォローが必要

本部の人事担当者のお悩みは、研修効果、特に現場で効果が表れないということです。現場からは、「ただでさえ人が少なくなって忙しい中研修に出したのに全く効果がない」という声が寄せられるといいます。

実は集合研修（ＯＦＦ－ＪＴ）の効果はかなり限定的です。１日や２日で人の内面が劇的に変化するというのはまずあり得ませんし、たとえ何らかの刺激を受けたとしても、現場に戻って研修の内容を知らない人達に囲まれいつもどおりの働き方をしていくと、元に戻ってしまうのは当然です。しかし、研修の内容を現場で活かす工夫があれば、効果が上がる可能性があります。

まず研修前です。上司が研修の前に部下と話し合い、期待（学んできて欲しいこと、変わって欲しいこと等）を伝え、研修の目標を確認します。また、研修後には報告をするよう事前に言っておきます。

次に、研修後のフォローです。本人から研修の報告があるはずですから、「学んだこと、気づいたこと」を確認し、「研修内容を現場で活かすにはどうするか」あるいは「研修内容を本人の向上につなげるためにどうするのか」を話し合います。そして、「上司としてサポートできること」まで合意できるとよいでしょう。

その後、定期的な面談の際に、研修で得たことにリンクさせて育成することで、「忙しい時間を割いて研修に行かせた」効果を現場で実感できるようになります。

研修は、周囲にも影響を与えます。よく「研修で学んだことを朝礼で話すように」という宿題を出され、研修中、そのために必死でメモを取っている参加者がいます。しかし、朝礼で一度話したくらいでは、本人の振り返りにはなっても周囲への影響はありません（ただし、知識や営業スキルの研修で勉強会を開くのは「内容の伝達」という観点で良いことです）。

周囲に最も影響を与えるのは、研修を受けた後本人が変化することです。人は、一緒に働いている仲間が変われば必ず何らかの影響を受けます。そのためにも、まずその本人を変化させるように上司がサポートしていきたいものです。

○○をしっかり
学んできてほしい
はい
研修前
○○をどうやって
活かそうか？
研修後

28 部下が急にふさぎこんでいる

Q 3年目の男性職員の元気がありません。以前は快活だったのですが、最近は口数が少なく、体調も優れないようで、風邪や腹痛で休むことも出てきました。私（課長）とは普通にコミュニケーションを取りますが、係長と話す時は少し緊張しているようです。確かに、几帳面な係長と大ざっぱなその職員では性格が異なっています。このままだと、メンタルヘルスの問題に発展しそうで心配です。

A ちょっとおかしいと感じたら早急に対処しよう

うつ病等で休職する社員が出ると、「そういえば少し前から様子が変だった」と周囲の人が話すことがよくあります。具体的に「あの出来事がきっかけだったのでは?」という人もいるくらいです。

Tips 15

ストレスについて理解しておく

メンタルヘルスの問題は、病気と診断される前の段階（ストレス反応が出ている状況）で食い止めることが大事です。

ストレスとは、ストレッサーに適応するための心身の反応（ストレス反応）で、悪いものばかりではありません。適度なストレスは生産性を向上させます。全くストレスがない状態（温泉に入りボーっとしているような状態）でやる気は起きませんが、良いストレス状態（適度な緊張感）ではエネルギーが満ちてやる気が出たりします。

問題は、処理能力を超えたストレッサーによって、心身に良くない反応が出た際に対処しないことです。これを見逃すと心身の病気にまで進んでしまいます。

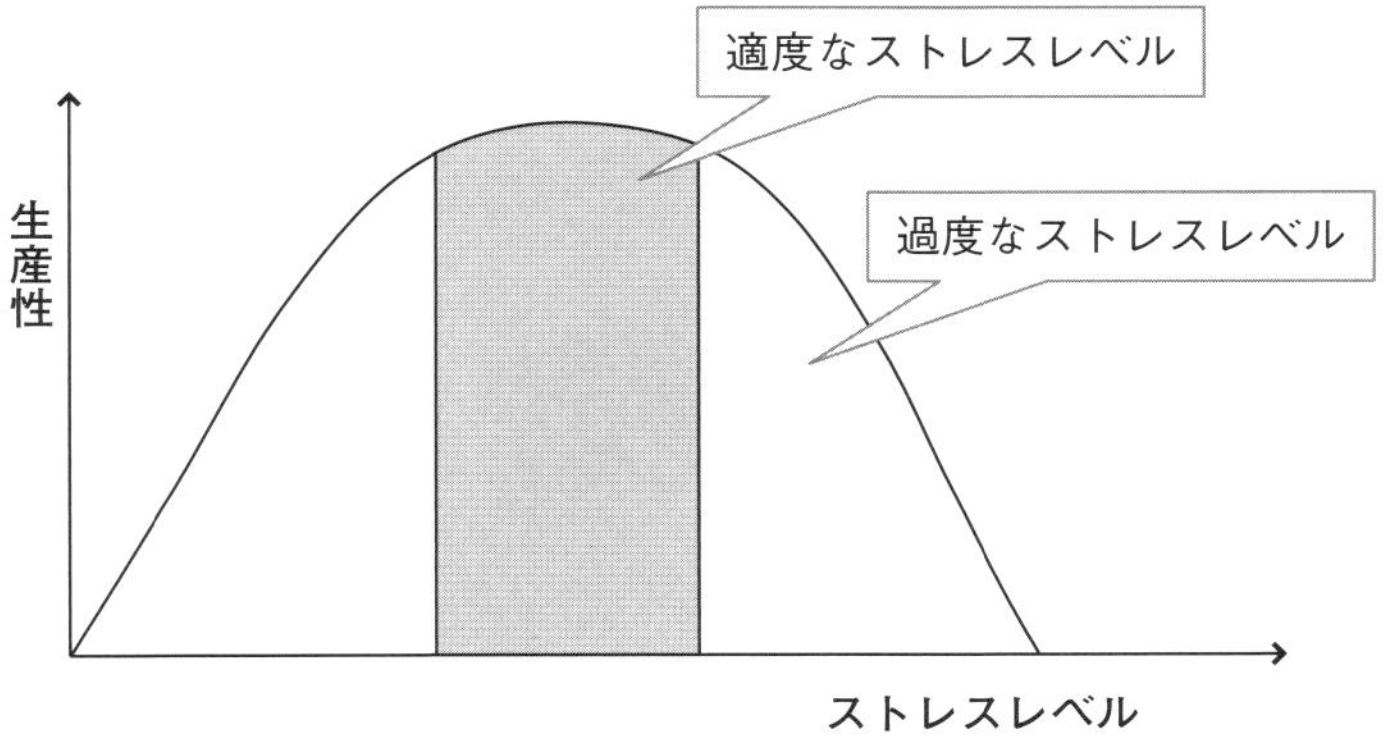

ストレッサーには、①物理的なもの（気温、音など）、②生物的なもの（花粉、細菌など）、③社会的・心理的なもの（人間関係、仕事に関することなど）があり、組織で問題になるのは、主に③です。

トラブル、未達の目標、プレッシャー、孤立感などのストレッサーがかかると、人はそれらを処理しようとします。この処理ができないと、何らかのストレス反応が出ます。身体の反応では「肩こり、頭痛、動悸、胃痛、免疫力低下」など、心の反応では「不眠、イライラ、無気力」などです。

ストレッサーには生きている限り必ず出会います。昨今はより厳しいストレッサーを課される環境ですから、それをストレス反応や病気につなげない工夫が大切です。

このケースの場合、本人がその状態に気づいていればよいのですが、意外と見逃してしまうことが多いようです。事前にサポートできるのは周囲の人達です。表情や言動、仕事の仕方に変化が表れていることが多く、「ふさぎこんでいる」のは重大なサインかもしれません。

自分自身でストレスの度合いに気づくのが重要ではありますが、自分自身を客観視するのは難しく、ストレッサーは仕事のことだけではありません。心も体も1つですから、プライベートの変化や悩みなどを抱えながら仕事をしているうちに、ストレッサーを処理できなくなってしまうこともあり得ます。ストレッサーをなくすためには、その問題自体を解決しなければなりませんが、ストレス反応を和らげることはできます。それは「人に話す」ということです。したがって、誰かが話を聴いてあげることは大変効果があります。

この場合は、上司なり先輩なり、気心の知れた人が「調子はどう?」「大丈夫?」などと声をかけましょう。そして、話をよく聴きましょう。その際は、アドバイスではなく、ただ状況や気持ちを聴いてあげることが大事です。「一緒にいるよ」「一人じゃないよ」という気持ちが伝わることが重要です。

不眠や頭痛の症状が酷い場合は、医療機関に行くことを勧める方法もありますが、医療機関は適切なところを選ばないと逆効果になってしまうケースもありますので、まずは産業医等に相談するよう促すのがよいでしょう。

29 飲みに誘っても断られる

Q 最近は部下と話す機会が減り、意思疎通ができていないと感じています。そこで、部下を飲みに誘うことにしたのですが、特に若手には「用事があります」と断られることが多いです。昔は上司から誘われたら用事を調整しても飲みに行ったものでしたが、最近の若者は会社に対する意識が違うと感じます。こんな部下達と、どのようにコミュニケーションを取っていけばよいでしょうか?

A 時代の変化を受け入れて新たな取組みをしよう

昨今は所属している組織に対する〝帰属意識〟が薄れています。それは、環境変化に伴い当然のことと思われます。終身雇用制で人生を預かってくれた以前とは異なり、仕事は仕事、プライベートはプライベートと割り切る職員も増えています。アフターファイブの過ごし方も人それぞれです。

将来の不安感が大きい世の中において、勉強をする人が増えています。社会人になってから、改めて大学や大学院で学ぶ人も珍しくなくなり、資金面での支援システムも見かけるようになりました。会社外の人脈を求める人も多くなっています。最近は、ネット上で様々な会合の案内がしやすくなったこともあり、たくさんの勉強会やイベントなどが開催されています。

また、心身の健康維持やワークライフバランスを意識して、スポーツやリラクゼーション、趣味の時間としている人も多くいます。そして、家事や子育てなど、家庭での役割を担っているため業後は帰らなければならない人もいます。地域によっては車通勤のため、アルコールを飲みにくいところもあります。

ある一定の年代以上だと、昔ながらの「飲みニケーション」を懐かしみ、「人というのは、一緒に酒を飲んで心の中を吐露し合って初めて人間関係がつくれるものだ！」という方もいます。しかし、「飲みニケーション」にはもう期待しないほうがよさそうです。

それをどこで補うかが問題です。昨今は、職場内でのコミュニケーションが激減しており、それによる弊害が色々と出てきています。朝の挨拶から始まる部下と交わす一言一言は、以前より重要性が増しています。

「挨拶＋α」や「業務連絡＋α」を心がけたり、職場内で勉強会の機会をつくることもできます。そして、お酒の席で語られてきたビジョンなどは、朝礼や会議、面談の場で適宜伝えていかなければなりません。

金融機関によっては、イントラネット上でやり取りのできる掲示板のようなものを設けているところもあります。今後も様々な形が出てくるものと思われますが、業務時間中の対面でのコミュニケーションを、これまで以上に丁寧に取っていくことが重要でしょう。

COLUMN 2

人として心を開く

経営者やビジネスマンの方のコーチングをしています。契約を結び、1ヵ月に1回か2回、40分から1時間コーチングを行います。基本的にクライアントの方の話を聴くのがコーチの役目で、クライアントの方が「目指す目標を達成する」という望ましい方向性に人生が進むようなサポートをします。本書に紹介している「傾聴の仕方」などは、このコーチングのテクニックでもあります。

毎回セッションが終了する際に、セッションの感想や気づいたことをクライアントの方に尋ねることにしています。すると、一番多いのが「最後に聴いた前田さんの感想によってハッと気づかされました（心が動きました）」というものです。私自身もコーチングを受けていて、コーチの素朴な感想にハッとさせられることがあります。

そんな時に思い出すのが、子どもの頃の出来事です。私は、小学生の時塾に通っていました。友達は帰りにお菓子を買って食べるのですが、我が家は「行儀が悪い」という理由で買い食いが禁じられていました。「ダメ」と言われるとやりたくなるのが子ども心、友達がやっていればなおのことです。ずっと我慢していたのですが、どうしても食べたいアイスクリームがありました。こっそり食べてしまえば分かりません。ある日お小遣いを握りしめて決行しました。当時は今のようにコンビニはありませんので、街のお菓子屋さんだったのでしょう。嬉々としてアイスを食べていたところ、いつもは来ない母がその日はなぜか迎えに来て見つかってしまいました（親というのは、隠れて悪いことをしている時になぜかその場に来てしまうものです）。帰宅してから当然叱られました。

最初はその内容に納得がいかず、ふてくされて聞いていたのですが、母の一言で気持ちが大きく揺さぶられました。「お母さんは、買い食いをしたことよりも、あなたがコソコソと隠れてやったことが悲しかった」と言ったのです。その瞬間、「申し訳ないことをした」という気持ちが心からわき出してきました。そして「ごめんなさい」と謝ったのでした。「母と子」という構図で叱られていた時にはビクともしなかった私の心は、母が心を開いて感情を表現した瞬間に、ポンと扉が開いて動いたのです。

コーチングの時だけでなく、お互いの立場から距離を置いていたものの「人として心を開いた瞬間にお互いの心がグッと近づいた」という経験は他にもたくさんあります。職場においては、日頃「上司と部下」「先輩と後輩」などの立場で接していることがほとんどだと思います。その立場で相手を動かそうと思っても相手は動きません。そんな時には、いったん立場を手放して人としての感情を伝えてみるのも効果的かもしれません。

PART 4
管理職の役割

序　適切なマネジメントをしていますか？

管理職の役割は多岐にわたります。ＰＡＲＴ１～３までは、比較的個別の部下への対応を取り上げてきましたが、人材マネジメントはそれだけではありません。チーム全体をマネジメントする、つまり「全体最適を図る」という役割があります。

〝場〟は蜘蛛の巣のようなものです。どこかで誰かが揺らせば、それが伝染してチーム全体に大きな揺らぎとなって伝わります。ポジティブなもの、ネガティブなものにかかわらず、チームのうちの誰かと誰かの人間関係の変化、誰か一人の状況（仕事のパフォーマンスや精神状態など）が〝場〟全体に影響します。そのことを理解して個別の部下にかかわりつつ、全体にも目を向けたマネジメントをする――つまり、その性質を時には活かし、時にはストップさせて〝場〟を整えていかなければなりません。

期待しているよ
支店長
はいッ!
辞令
課長に昇進
まぁまぁ…
あの態度はなんだ!
フンッ!
申し訳ありません…
受付
達成しよう!
目標!
来月
今月
しら〜〜…
お宅はいつも事務ミスが多いよ
監査役
すみません
管理職って何なんだろう…
はぁ〜

30 部下同士の人間関係が悪い

Q 女性部下のAさん（36歳）とBさん（34歳）の仲が悪く悩んでいます。２人は短大卒と高卒の同期入社で、最初の配属先が同じ支店でした。その頃から馬が合わなかったようですが、また同じ支店、それも同じ係になってしまいました。Aさんは独身、Bさんは結婚して子どもがいます。２人の不仲は周知の状況で、仕事上必要なこと以外は、挨拶も含めて会話をしません。Bさんはまだ普通に接しようとしている節があるのですが、Aさんは徹底的に拒んでいます。後輩達も気を遣っており、２人に注意したこともありましたが、逆ギレされてしまいました。チーム全体の雰囲気も悪くなっています。

A 相手の立場を考えさせよう

コミュニケーションには〝お互いの歴史〟が絡んでくると前に述べましたが、この2人の関係には長い間の歴史がありますので、そう簡単に改善されるものではないと考えられます。おまけに人生の方向性も異なっているので、共通点も見つけにくいのかもしれません。

本人同士がその状態を選択していて良しとしているのはいいのですが、周囲に影響があるのなら対処する必要があるでしょう。チームのパフォーマンスにも影響が出ているに違いありません。

しかし、「みんなが迷惑しているのだからうまくやるように」という指示で、2人の感情を変えることは不可能です。注意したら逆ギレされたとあるように、不要な反発を招く結果になりそうです。

長年の仲の悪さには、何か決定的な事件があったのかもしれませんから、「仲の良い2人」になるのは困難でしょう。ですが、仕事の同僚として、業務や周囲へ影響しない程度にコミュニケーションを取り、行動してもらうことを管理職として望むのは当然のことです。

本人同士の意向はどうなのでしょうか？　まずは、「現在の状況をどのように考えているのか」を尋ねてみましょう。「この状況が大好き」という確率は低いのではないでしょうか。この場合も、2人の感情にまず耳を傾けて理解することが最初のステップとなります。

人間関係が良くない2人は、お互い感情的になっているため視野が狭くなってしまっていることが多いです。そこで、相手の立場になって考えてもらう問いかけが効果的です。

「もしあなたが○○さんだったらどういう気持ちでしょうか？」

「もしあなたが○○さんだったら…」というフレーズは、自分視点を一瞬で相手視点に変えることができます。嫌悪感を抱いていればいるほど、相手視点には入りたくないもので、かたくなに自分視点になっているものです。だからこそ、この問いかけが効果的なのです。

私もコーチングセッションでこの問いかけを使うことがあるのですが、「相手のことなんて、これまで考えたことがなかった」と、ずっと自分視点でいたことに気づくケースがあります。また「相手の気持ちになること自体が不可能です」という答えもあり、自分自身の気持ちがいかにかたくなになっているかに気づくこともあります。あるいは「きっと相手も嫌な気持ちで、本当は話したいと思っているかも」という前向きな返答がある場合もあります。

部下同士の仲違いの世話までしなければならないのか…という疑問を持つ管理職も多いようですが、チームのパフォーマンスを考えるうえで、人間関係のこじれは個人的な問題ではありません。改善のための働きかけをしていきましょう。

31 会議が活性化しない

Q 週1回、課内で業績向上のための会議をするのですが、実質は成果の出た数字の報告会になってしまっています。課題になっているお客様の話も出るのですが、誰も何も発言しないため、結局課長の私が答えらしきものを言うことになります。議論を活性化させようと問いかけるのですが、誰も発言しません。指名すると何か答えます。どうしたら有意義な会議にできるでしょうか？

A 発言しやすい〝場〟を整える

「無駄な会議をなくすとともに、行う会議は有意義なものにする」ということは常に注目され、雑誌の記事や書籍に書かれることも多いテーマです。

まず、会議の目的は一方的な情報伝達ではありません。わざわざ集まるのには、情報や考え方の共有（一方通行ではなく、相互のコミュニケーションを伴う）や、意見交換といった目的があるはずです。「上位者が話し、参加者が聞く」という一方通行になってしまっているのであれば、それは問題です。

さて、会議で発言が少ない原因として考えられるのは、「発言すると不利益を被るリスクがある」ということです。皆（もしくは上位者）が評価的な聴き方をしている場で、正解（優れたこと）を言わなければならないという状況だと、発言はしにくいでしょう。

Tips 16

会議を活性化させるコツは、「①傾聴」「②承認」「③質問」

有意義な会議を行う、会議を活性化させるには次の３つがポイントになります。

①傾聴

誰かが発言している際は、最後まで聴きましょう。上位者や他の参加者が発言を遮ってしまうケースがありますが、「どうせ最後まで聴いてくれない」と思うと、人はあえて発言しないものです。

②承認

いかなる発言も肯定的に受け止めましょう。特に、上位者の否定的な受け止めは、それ以降の発言を抑制するきっかけとなってしまいます。

③質問

オープンな質問（Ｔｉｐｓ１参照）を意識して投げかけましょう。

「どのように考えますか？」

「どんなアイディアがあるでしょうか？」

「どうしたらよいと思いますか？」

といった質問を思い切って投げかけてみましょう。

会議の目的やゴールを伝えることは当然ですが、それ以外の「グラウンドルール」としてＴｉｐｓ16に挙げたことを共有化しておくことで、参加者が安心して発言できる〝場〟を整えることができます。

32 数字が伸びない

Q
目標数字の達成が難しい状況です。一生懸命ハッパをかけても皆が動いてくれません。先日「達成しなくても首になるわけではないし」と部下同士が雑談しているのを耳にしてしまいました。ペナルティがなければ人は頑張らないと思うのですが、仕組上それもできません。組織にいる以上、やれと言われたことはやらなければならないと思いますが、どうしたら部下が取り組んでくれるでしょうか。

A **達成しようという〝場〟づくりをしよう**

一人ひとりのモチベーションについては、ＰＡＲＴ１～３で述べてきました。このケースでは、個別というよりも、「チーム全体のやる気をどう出していくか」ということに焦点を当てていきます。

質問にあるように、「ペナルティがなければ人は頑張らない」ということについては、違う見方がされています。

Tips 17

X理論 と Y理論

ＭＩＴのダグラス・マクレガーという経営学者が、１９６０年代に提唱している「Ｘ理論・Ｙ理論」というものがあります。

まずＸ理論は、「人間は本質的に労働と責任を嫌い、自発的に働くことはしない」という人間観です

①普通の人間は生来仕事が嫌いで、できることなら仕事はしたくないと思っている。

②この仕事は嫌いだという人間の特性があるために、大抵の人間は強制されたり、統制されたり、命令されたり、処罰するぞと脅されたりしなければ、企業目標を達成するために十分な力を出さないものである。

③普通の人間は命令されるほうが好きで、責任を回避したがり、あまり野心を持たず、何よりもまず安全を望んでいるものである。

これに対しＹ理論は、「人間は元来より高い次元の欲求充足を目指している」という、Ｘ理論とは逆の人間観です。

①人は本来働くことに喜びを感じている。
②自分が設定した目標のためには自ら進んで努力をする。
③目標が達成されることで自己実現欲求が満たされると、人は自然に努力をする。
④人は問題解決のために創意工夫する能力を持っている。

そして、「X理論からY理論に転換することで組織の雰囲気が変わる」としています。

確かに、「罰則を与えないと働かない人」と上司に思われていたら、部下のモチベーションも上がりません。管理職はまず、X理論ではなくY理論を前提としてマネジメントをしていく心づもりが必要です。「ペナルティがないからやらない」の裏には何があるのでしょうか。多くの金融機関においては、「目標」は「ノルマ」ではありません。「ノルマ」は、達成しなければ減給や解雇などのペナルティがあるものです。一方で「目標」は、向かう目的を示すゴールであり、達成した時の喜びを感じるものです。

「13　目標につぶされそうな部下」で述べたように、一方的に上司が与えるのではなく、その重要性を十分に伝えたうえで「頑張ろう」という雰囲気をつくり出していきたいものです。チーム全体のモチベーションは、ウェーブのようなものです。管理職としては、やる気のウェーブがチームに起きているかどうかを常に見ておく必要があります。

X 理論　人間は本質的に労働と責任を嫌い自発的に働くことはしない

Y 理論　人間は元来より高い次元の欲求充足を目指している

33 お客様からのクレームが多い

Q 支店長に先月のクレーム件数のことで指摘を受けました。本部のお客様サービス部へ、当店の窓口や電話応対に対するクレームが複数あったためです。その多くは「感じが悪い」「お客様を大切にしていない」「身だしなみがなっていない」といったものでした。気づいた時には注意していますが、そもそもの基本的な心構えから正す必要があるようです。全店で「ＣＳマナーアップ運動」を行っており、決められたことは実施しているのですが、それでは不十分のようです。管理職としてどう働きかけていいのか分かりません。

A ＣＳ（顧客満足）の意義を伝え全員で取り組もう

ＣＳ（顧客満足）というと、「挨拶運動ですね」と言われてしまうことが未だにあります。

確かに、挨拶もお客様に満足していただく第一歩には違いありません。しかし、CSは「お客様を心から大切にする」というあり方に、行動が乗って初めて実現するもので、満足するかしないかを決めるのは「お客様」です。ですから、「これをやればよい」という簡単なものではなく、もっと奥深く難しいものです。したがって、お客様を大切にする仕事の仕方を組織全体で考え工夫しなければなりません。

「CS運動」を実施している金融機関は多いのですが、一番大きな問題は、「CSは窓口係が取り組むべきこと」という勘違いです。私もCS関係のプロジェクトのサポートをしたことがありますが、各店から集合したCSリーダーがすべて女性かつ窓口担当者だったこともありました。本来ならば支店全体で取り組まなければならないことが「窓口係がやればよい」「女性がやればよい」となってしまっているケースが多々あります。

CSは職員の意識、つまり風土の問題です。支店でそれができていないのであれば、支店全体の意識改革が必要です。その意識ができあがっていなければ、行動は伴いませんし、お客様にも伝わりません。

まず、「クレームをなくすために」というよりは「お客様にご満足いただくために」何ができるのかを全員で考えることが必要です。そのうえで、個別のクレームについて、原因分析と再発防止を行っていくとよいでしょう。

そして、何より大事なのは上位者がまず「ＣＳの精神」「ＣＳの行動」を部下達に見せていくことです。「26　部下が背中を見て学ばない」で述べたように、〝背中を見て〟真似をしてはくれないかもしれませんが、雰囲気を伝えていくことはできます。上位者がやっていないことを部下はやろうとしません。管理者自身が、ＣＳに基づいた行動ができているかを確認することも大事です。

34 事務ミスが多い

Q 先月、行内の監査がありました。当店は最近事務ミスが多かったので危惧していたのですが、やはり最低ランクの評価を受けてしまいました。半年後に再び監査があり、それまでに改善しなければなりません。ベテラン職員が産休に入ったり、異動で慣れない職員が増えたりといった要因で仕事がやりにくく、皆精神的な余裕を失っているようです。小さな衝突もあり、ストレスが溜まっていると思うのですが、どうしたらいいでしょうか？

A 負のスパイラルから抜けだそう

事務ミスは、金融機関の信頼にかかわる重大なことです。機械化が進んでいるとはいえ、商品やサービスの多様化に伴って、人が行わなければならない手続きは複雑になる一方です。職員の負担も、ますます大きくなっていることでしょう。

事務ミスが起こる要因として、体制・仕組みの不備や、個々人の不注意が大きな原因であることは事実です。しかし、その他にも要因があります。

Tips 18

関係性の質を高める

ＭＩＴの経営学者ダニエル・キムが提唱している、「成功の循環モデル」があります。

下図のように、「関係性の質」を良くすることで、「思考の質」を高め、「行動の質」を変えることで「結果の質」が高まると言っています。

例えば、「関係性の質」（つまり人間関係）が悪いと、何か（数値目標未達、事務ミスなど）が起こった際に、本質的な問題解決ではなく誰かのせいにするなど「思考の質」が下がります。そして、積極的な行動ではなく自己

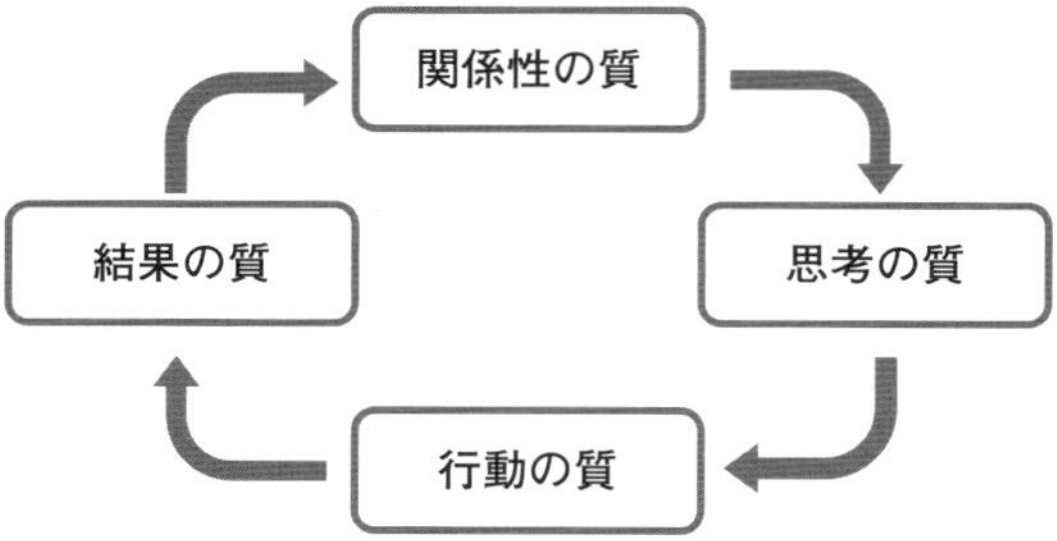

成功の循環モデル

防衛的、利己的な行動となって、問題は解決されません（「行動の質」が低下）。結果的に、また同じ問題が起こることとなります（「結果の質」が低下）。

逆に、「関係性の質」を良くすることができれば、皆で状況を良くしようという考え方が発生し（「思考の質」が高まる）、それに基づく「行動の質」も自ずと高くなります。そして、それが良い結果に表れます（「結果の質」が高まる）。

「32　数字が伸びない」で述べた数値目標の問題、本項の事務ミスの問題、そして不祥事の問題などは、「関係性の質」に手を入れることで「負のスパイラル→正のスパイラル」となるかもしれません。

この支店においては、人が少なく業務に負担が出ているということで、関係性の質が悪化している状況が予測できます。まずは、「関係性の質」がチームにとって大事だということを共有し、話し合って皆で解決していくとよいでしょう。

35 メンタルで休職していた部下の復帰

Q うつ病で長期間休職していた部下（30代後半男性）が復職しました。復帰のプログラムについては産業医と相談済みで、その内容は私も共有しています。まず最初に負担のない仕事からスタートさせ、今のところ順調に進んでいます。しかし職場はかなり忙しく、彼が100％働いていないことの負担がないわけではありません。周囲は彼を思いやっていますが、我慢しているのも伝わってきます。再発してまた休んでしまうことは絶対に避けたいのですが、管理職としてできることはありますか？

A チーム全体のメンテナンスを意識しよう

うつ病での休職からの復職はとても喜ばしいことですが、極めて丁寧に支援していく必要があります。復職してからまた具合が悪くなり、休職してしまうケースも多いからです。

メンタルの問題で休職したり退職したりというのは、組織にとって大きな損害です。また、職場でメンタルヘルスの事例が出たということは、周囲の職員の心理状態にも影響を与えていますから、復職してきた職員には何としてもそのまま元気になってもらいたいものです。

管理職には2つの役割があります。1つは当事者の職員に対するもので、復職プログラムに従って徐々に本来の仕事ができるようになってもらうことです。もう1つは、周囲のメンテナンスです。

前者については、「応援している」という気持ちを持ちつつも、プレッシャーを与えないように（例えば「頑張れ」は禁句）温かく見守りましょう。

後者については、まず復職職員を支援することを全員で合意しておきましょう。そして、質問にあるように我慢している職員がいるのであれば、その人を必ずフォローしましょう。「話を聴く」「サポートしてくれていることに対し承認する」そして、「何か手伝えることはないか」と尋ねましょう。

復職の成功には、個別マネジメントと全体マネジメント両方の微妙な舵取りが大切です。もちろん産業医のサポートも受けながら慎重に行っていきましょう。

PART 5
女性部下への対応

序　女性の力は活かせていますか？

１９８５年の男女雇用機会均等法を経て、１９９０年代から女性活用の動きが高まってきました。その後、各企業でも「ダイバーシティ」の考え方を取り入れて、女性活躍推進の施策を進めています。特に２０１３年からは、成長戦略の一環として女性の活躍の重要性が叫ばれています。

しかし、長年培われた組織風土、価値観を変えていくことは簡単ではありません。金融機関でも管理職への女性登用を進めたり、女性活躍推進のための部署をつくったり、人事制度や教育制度を整えたりと様々な動きをしていますが、現場レベルではまだ様々なハードルが存在し課題が多いようです。管理職には、女性の特性を活かしてマネジメントをしていくことだけでなく、特有の問題の対処も求められています。

女性の活躍
推進については――
支店長
中期経営計画
女性かぁ…
大丈夫？
フン！
フン！
まぁまぁ…
パートですから
そういう仕事は
やりません！
えっ？
はぁ〜…
彼女達をどうやって
マネジメントすれば
いいんでしょう？
う〜ん難しいねぇ…
支店長
うまくやってよ！
ポン
はぁ…

36 仕事が手一杯になっている女性管理職

Q この春、営業課の管理職に昇進した女性がいます。部下の女性達には「私達のことをよく理解してくれる」と好評で、雰囲気の良いチームなのですが、少々仕事をし過ぎているようで、疲弊しているのも感じられます。積極的な接客などはある部分よいのですが、部下に任せられないらしく、時にはオペレーションも行っています。そのため管理職としての役割を果たせていません。もっとマネジメント側にシフトした仕事をして欲しいと思います。

A 管理職としての教育を丁寧に行おう

女性管理職が役割を負い過ぎて、〝いっぱいいっぱい〟になってしまうという話を耳にします。現場の苦労がよく分かっているのはとても良いことなのですが、だからこそいつまでもその業務に携わり過ぎてしまうケース、もしくは自分のやり方を手放せずに不要な部分までチェックして部下に任せなくなってしまうというケースがあります。

そのような状況が続くと、当然、本人は物理的に管理職としての業務や責任が果たせなくなり、チームにおいて支障が出てきます。また「よく理解してくれて、色々やってくれる上司」というのは部下からは評判が良い場合が多いのですが、仕事を何でもやってしまう管理職のもとでは部下の成長が妨げられてしまいます。

女性管理職のロールモデルは、男性に比べると少ないのが現状です。また、仕事ができる頑張り屋であることも多いので、昇格すると気負ってしまいがちでもあります。加えて、男性は管理職になることを最初から見越してイメージしていけますが、女性はまだその点をイメージせずに育ち、いきなり管理職として動かなければならないことが多いのです。

したがって、上司は「管理職になったからOK」ではなく、管理職教育も少し丁寧にしていく必要があります。

まず、彼女自身が「管理職としての具体的な役割を認識できているか」を話し合い、できていないのであれば、何をどうすることが求められるのかを伝えましょう。また、ここでは「Tips2の承認、Tips8の励まし、Tips9の共感」が大切です。彼女の女性としての強み（例えば、感性や細やかさ、共感力など）を認めたうえで、指導していきましょう。

37 後輩男性が先に昇格したことへの不満

Q 30代後半の女性係長から、彼女より5年下の後輩男性が管理職に昇格したことへの不満を訴えられました。彼女はとても意欲的で、目標数字を超えた成果を出したり、管理職を目指すべく研修や試験も受けています。彼女よりも営業が苦手で、仕事力が劣っていると思われる後輩の昇格が気に入らないようで「男性というだけで昇格するのが納得できない」と言います。確かに当行では、余程のことがなければ男性は30歳前半で管理職になります。女性の登用はまだ追いついていません。しかし、客観的に見て、彼女には管理職にするには一歩足りない部分もあると考えています。

A やる気を認め、管理職になるために身につけることを明確に伝えよう

人事制度上は男性も女性も差がないにもかかわらず、事実上、管理職登用や業務の担当などにはまだ暗黙の差があり、女性管理職には男性よりも高いハードルがあるようです。頑張っている女性職員の皆さんと研修でお会いした際にも、「私より仕事のできない男性の後輩が役席になった」という不満の声を聞く機会が少なくありません。

不満の背景には、「後輩や制度に対する反感」だけがある場合もありますが、この女性職員は普段意欲的に頑張っているとのことです。ここで避けたいのは、後輩男性の昇格をきっかけにやる気を失わせてしまうことです。フォローがないことで、優秀な女性職員が結局退職してしまうというケースも多いのです。

まず、「うるさいな…」ではなく「頑張ろうという気持ちなのだ」という視点を持つことが大事です。次に、やる気を認め「管理職として一歩足りない部分（経験、知識、コミュニケーション力、リーダーシップ等）」を具体的に伝えましょう。そして、それを向上させるためにはどうすればいいのかを質問等で引き出し、コーチングしていきます。彼女が成長してくれるのを願っていること、何かあったら支援することなども伝えていくとよいでしょう。

こうした不満は、上司にとってかかわりたくないテーマかもしれません。しかし、このような個別案件を現場の上司達がいかにマネジメントしていくかということが、組織全体の女性活用に響いてきます。丁寧に対処していく必要があるでしょう。

38 管理職に推薦したら辞退された

Q とても優秀で人間的にも優れており「こういう人が成長して将来支店長になって欲しい」と思うような30歳の女性職員がいます。面談では「将来子どもを持ったとしても一生懸命仕事をしたい」と言っていたため、管理職昇格に推薦しようと考えました。ところが本人にそのことを伝え意思確認をしたところ、「ありがたい話だが、辞退したい」との返答でした。女性の活躍推進が中期経営計画の項目に加わり、支店長会議でも有能な女性職員を積極的に推薦するように言われていたため、彼女こそ適任と期待していたのですが…。

A 女性のキャリア形成を理解して、支援しよう

女性活躍推進に向かって舵を切っている金融機関はますます増えています。組織全体で、女

性管理職の比率に目標を設定している金融機関もありますので、やる気があって能力もある女性職員が登用されるという動きは望ましいことといえます。

　この職員の場合、「一生懸命仕事をしたい」という意思表示があったため、上司が登用したいと考えるのは当然です。しかし、女性の「一生懸命仕事をする」は、必ずしも「＝管理職になる」ではありません。仕事の仕方は多様です。「未婚、既婚」「子どもの有無」などによって、人生における仕事の位置づけは全く変わります。そして、もちろん生きていくうえで大切にしていること（価値観）によっても働き方は変わってきます。

　また、仕事の位置づけは、年代や環境の変化によっても変わってきます。

Tips 19

ライフロールという考え方

　アメリカのキャリア理論の学者ドナルド・E・スーパーは、キャリアを「人生における様々な役割（ライフロール）の組み合わせである」と定義しています。人には、「息子・娘」「学生」「職業人」「ホームメーカー」「余暇を楽しむ人」「市民」「配偶者」「親」などの役割があり、各自の年代により複数の役割が重なってきます。キャリアデザイン研修では、このライフロールを考えてみることで、自分自身の現状を見つめ直すことがよくあります。

スーパーはその概念を、下図のように虹（レインボー）に例えています（ライフキャリアレインボー）。同じ年代でも人それぞれ与えられている役割が違います。

女性の場合、子育て中であれば「親」のレインボーが太くなり、その他のレインボーは細くなることでしょう。例えば、その間仕事の位置づけは低くなり、管理職試験への挑戦がしにくくなり、現状維持を希望するかもしれません。

また、男女にかかわらず、介護の必要性が出てくれば「息子・娘」のレインボーは太くなります。その役割を果たす際に、他の役割を少し軽めにするという調整が可能です。レインボーの組み合わせを見ながら、仕事に必要な自己啓発や仕事へのエネルギーのかけ方

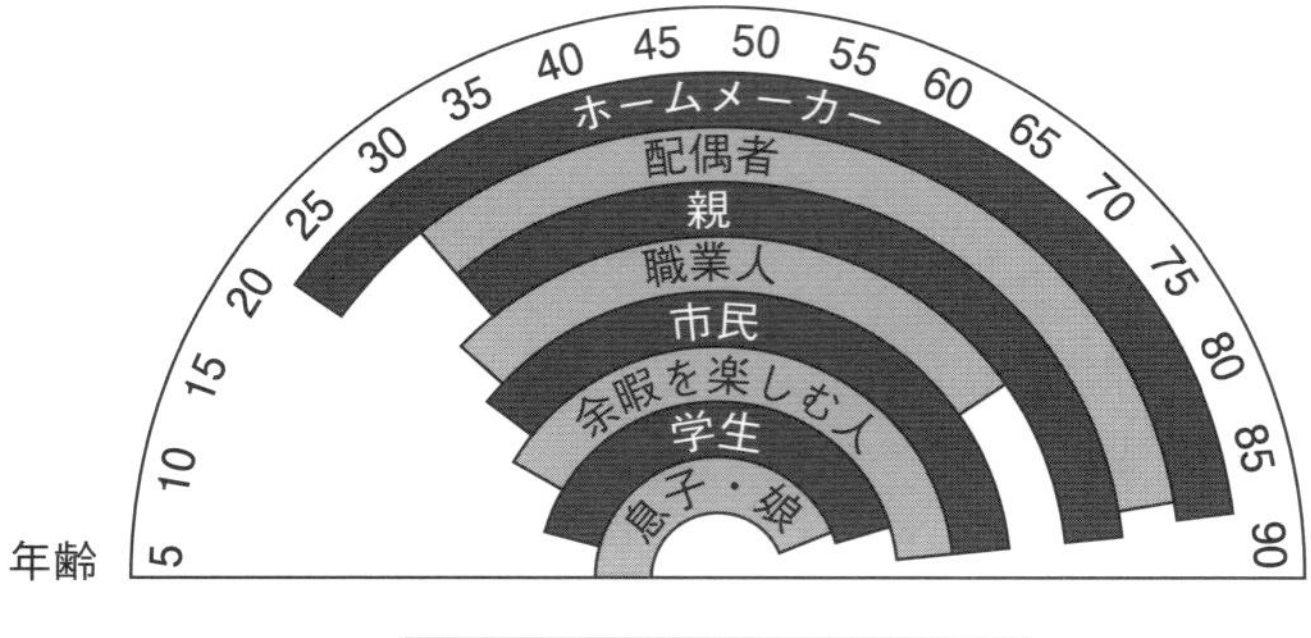

ライフキャリアレインボー

を考えることもできます。

最近は、育児休職中に勉強し、資格を取得する人も出てきています。

男性管理職の比率が高い組織において、女性が管理職になり仕事をしていくということは、なかなか大変なことで、覚悟が必要です。上司が有能だと思うようなこの女性職員が「辞退したい」と言うには、それなりの理由があるはずです。

大切なことは、ここで「彼女は管理職になる気がない」と決めつけてしまわないことです。「管理職になる、ならない」で「やる気の有無」を決めてしまいがちですが、それは組織にとってもったいないことです。

「今は管理職を目指さない（目指せない）」「今はまだそこまで覚悟が決まっていない」「今は仕事の優先順位がそこまで高くない」のかもしれません。これを機会に、その職員のキャリアプランや仕事に対する考え方をよく聴きましょう。そして、今後の期待をしっかり伝え、さらなる成長を促したいものです。

39 担当外の仕事を一切しないパート

Q 当行のOGである40代のパート職員は、ハイカウンターの担当で、昔の経験を活かし意欲的に働いてくれています。しかし、決められた業務以外はやろうとしません。支店ではお客様への積極的な声かけを推進しており、ニーズのあるお客様はローカウンターに誘導して欲しいのですが「セールスはパートの業務に含まれていない」と拒否します。できるパートさんなのでもったいないと思いますし、若手への良い刺激となって欲しいのですが…。

A 仕事の面白さを意識できるようにサポートしよう

昨今は、様々な雇用形態の人が職場にいます。それぞれ定められた条件のもとで働いているので、周囲はそれを理解したうえで仕事をしていきたいものです。

パート職員は時給で働いているため、それ以外の時間は働く義務がありません。また、「営業」が業務に入っていなければセールスはしなくていいことになります。しかし、ハイカウンターでは〝顧客ニーズのキャッチ〟ができますから、パート職員の中には積極的にお客様のニーズを探り、何かあればローカウンターに誘導して預かり資産担当者に引き継いでいる人もいます。以前お会いしたパート職員の方は、クレジットカードをセールスし、かなりの実績を上げているとのことでした。正職員登用の試験を受けて、キャリアチェンジしている方も続々と出てきています。

しかし話を聞くと、それは別に誰かに強要されたものではないようです。「仕事をしているうちに面白さに気づき、やり甲斐を感じるようになった」という声がほとんどです。これこそまさに内発的動機づけです（Ｔｉｐｓ10参照）。パート職員の場合は、もともと決められた時間に、決められたことをするのが役割で、多くの人がそれを望んで働いています。目的は「生活費のため」かもしれませんし、「住宅ローンの返済や子どものお稽古事のため」かもしれません。それに対して、無理に役割以上のものを期待するのは難しいですし、そのことが逆にやる気を削いでしまう可能性もあります。

このパート職員の場合は、決められた役割を果たしてくれているわけですから、まずそこをきちんと承認、評価しましょう。「もったいない」かどうか、つまりそれ以上を求めるかどうかは本人の意思次第です。また、家庭の事情もありますので強要するのもよくありません。
これを認識したうえで、それでも今以上に期待する場合、相手に動いてもらうにはどうしたらよいでしょうか。それは、スキルではなくあり方と言えます。

Tips 20

コーチングマインドで人を動かす

人は、自分を取り巻く環境に影響されます。「環境心理学」という研究領域もありますし、商品販売等で人が買いたくなる心理を研究して、その場づくりを心がけているのは周知の事実です。

働くモチベーションも同様です。働きやすい環境であれば、その逆よりはモチベーションが上がりますし、周囲の人が一生懸命働いている環境とそうでない環境では、前者のほうがやはり一生懸命やろうという気持ちになります。やる気にさせるには、まず周囲が生き生きと仕事をしている〝環境〟が必要です。

加えて、他者の〝想い〟も環境の1つです。コーチングの要素には、「スキル」と「マインド」があります。「スキル」はTipsで紹介してきたような「傾聴」「質問」などの技術的なものです。一方「マインド」は、「相手を尊重する気持ち」のことです。

「相手をコントロールしよう」「相手より上から目線」というマインドは、いかなる技術を使おうとも、ちょっとした仕草や声のトーン、表情などから相手に伝わります。一方で「相手を尊重し期待する気持ち」という肯定的な気持ちも伝わります。人に動いてもらいたいと思う際には、まず「相手を尊重する気持ち」をしっかり持ったうえで「期待」を伝えましょう。その際も、一方的な期待ではなく、「相手にとってその期待がプラスなのかどうか」を考えたうえで伝えていくことが必要です。

コーチングマインドを持ってコミュニケーションを取ることによって、心が通じ、相手の気持ちが動くというのはよくあることです。自分自身の想いが一番大事であることを肝に銘じておきましょう。

このパート職員は、現状では決められたことしかやる気がないように見えます。しかし可能性はゼロではありません。「想い」を含めた「環境」による影響で、変化することも考えられます。

まず、今の働きについて承認しましょう。そのうえで、期待を伝えつつ、本人の気持ちをよく聴いていきましょう。同時に、「もっと仕事がしたくなる」ような職場環境を意識してつくっていくことも忘れてはなりません。

40 短時間勤務の女性と他の職員の軋轢

Q 育休明けの女性職員が、16時までの短時間勤務をしています。日によって16時はまだ非常に忙しく、一人帰ってしまうとより大変になります。彼女も一応気を遣ってはいるのですが、当然の権利として帰っている様子があり、周囲がムッとすることもあります。先日は、他の職員と言い争いをしていました。原因は時短のことではありませんが、日頃の鬱憤が溜まっていたことも一因だと考えられます。お互い様とはいえ、もう少し気を遣って欲しいのですが…。

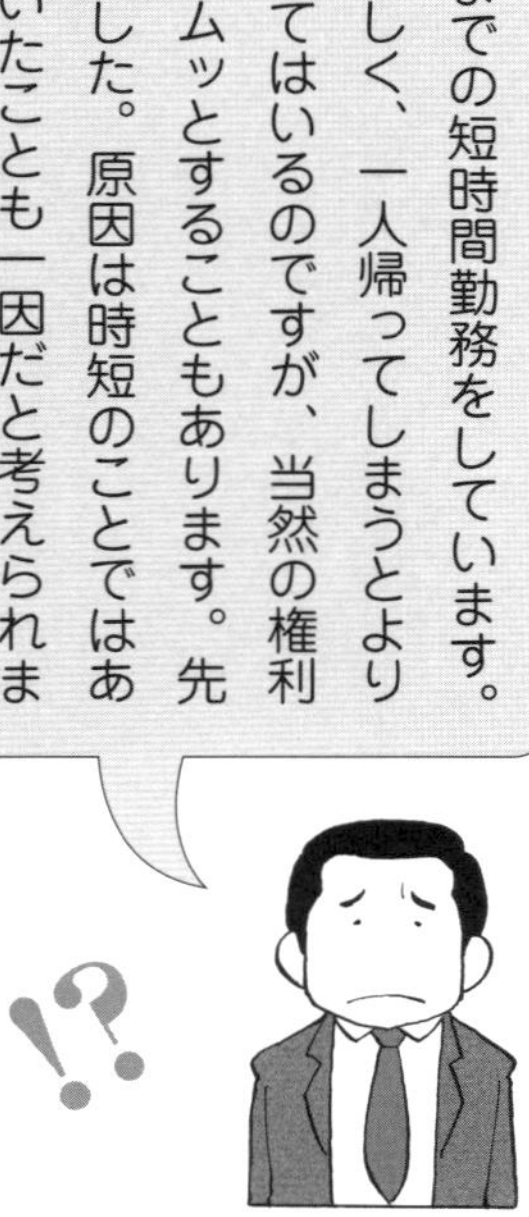

A 気配りを意識させ、軋轢を防止しよう

平成22年に改正育児・介護休業法が施行されてから、金融機関でも時短勤務を利用する職員が増えました。施行前には「業務の特性上、金融機関での運用は難しいのでは…」という意見

も一部ありましたが、現在は調整しながらの運用が進んでいるようです。

働くお母さんが、仕事と子育てを両立することは大変で、今では大多数の人が支援しようという気持ちを持っていると思われます。しかし、職場において、周囲の職員の負担はゼロではありません。時短勤務の職員がいることによって調整の必要性が発生します。それが人間関係の軋轢になってしまうと、チーム全体の生産性が低下します。できる限り、そうならないように働きかけたいものです。

当事者は、仕事と子育ての両立に手一杯で、周りのことが見えなくなってしまっている可能性があります。また、中には権利の主張ばかりしているように見えてしまう人もいます。

男女にかかわらず、「育児」や「介護」で仕事に100%のエネルギーを割けない事態になる可能性はあり、その時は周囲に助けてもらわなければなりません。「お互い様」の気持ちを忘れないようにしていきたいものです。

『働くママ」の時間術』（馬場じむこ著　日本実業出版社）では、「愛されお仕事ママ」になるコツが述べられています。「自分がお茶を飲むときは周りにも配ろう」「お菓子を食べたくなったらみんなに配ろう」「人をほめよう」「ありがとうを伝えよう」といった細かな気配り術です。これまで以上に思いやりを持って人に接していくことが、軋轢を生まないコツだということが分かります。

時短職員の存在によって周りがギスギスする前に、当事者にはちょっとした気配りを意識するようなアドバイスを伝えることが重要です。チーム全体の出来事として見た時に、時短職員をフォローしながら乗り越えたということはメンバーの成長にもなりますし、チーム全体の力も伸びることとなります。

ですから、周囲の職員とも、時短職員をどのようにフォローしていくのか、一方的に「よろしく」と任せたり、面倒なこととするのではなく、「チーム力の向上」という側面から見て対処していきましょう。

コーチングにも〝GROWモデル〟を活用

問題解決のためのフレームワークに「GROWモデル」というものがあります。

G……Goal　目標、理想
R……Reality　現状
R……Resorce　資源
O……Option　選択肢
W……Will　実行する意思

何かしらの問題や課題をひも解いていくと、理想と現実があり、その間にギャップが存在することが分かります。それを埋めていくことが解決につながっていきます。そしてそのギャッ

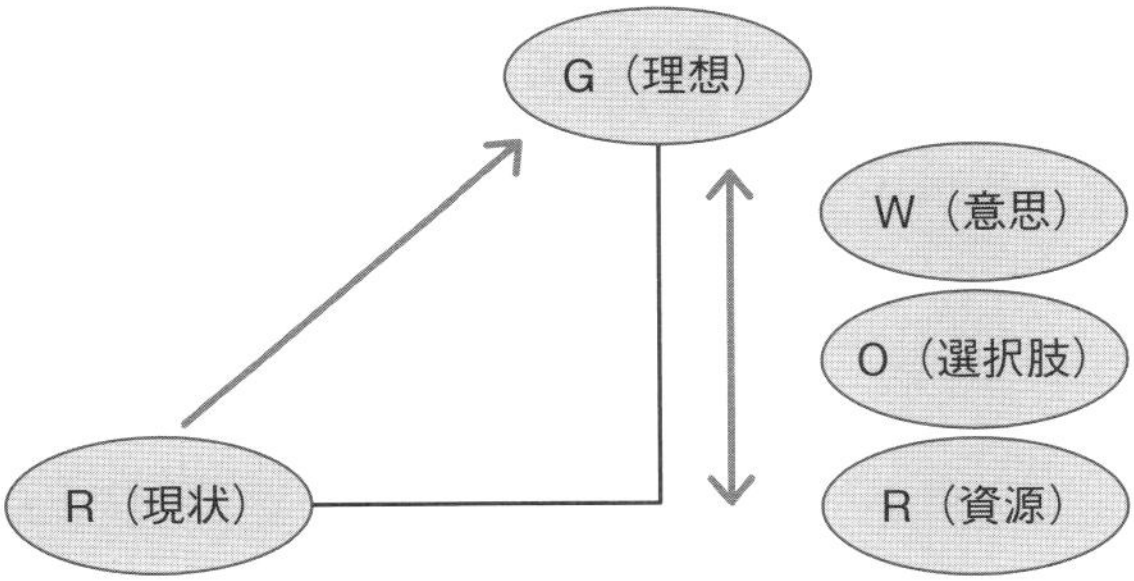

プを、自分の中にある〝資源（R）〟や〝選択肢（O）〟を活用し、〝やろう！という気持ち（W）〟と分けて考えることで、実現性を高めていくことができます。

話し合いにGROWモデルを活用してみると、次のステップになります。

①テーマの確認
「どんなテーマで話しますか？」

「今日は○○というテーマで話しますがいいですか？」など
②現状の明確化〔R（現状）〕
「今どのような状況ですか？」

「その状況についてどのように考えていますか？」など
③理想の状態の明確化〔G（理想）〕
「どんな状態になったらよいでしょうか？」

「そうなったらどんなことが起きますか？（気持ちはどうなりますか？）」など
④現状と理想のギャップの明確化、行動計画策定
「どのようなサポートがあったら理想に近づけますか？」〔R（資源）〕
「まずは何から始めますか？」〔O（選択肢）〕

「いつやってみますか?」〈W(意思)〉
⑤アドバイス、フィードバック、まとめ
「〜してみてはどうですか?」

「これまでの話を聴いて私は〜と感じました」

「ここまで話してみてどんな気持ちですか?」


私自身もコーチングセッションの時にこの流れを意識すると、たとえ短い時間でも効果的に進められると感じています。部下との面談やミーティングなどでGROWモデルを意識して話を進めることで、問題を解決しやすく、また行動を促すことが可能です。

【参考・引用文献】

『わかりあえないことから』平田オリザ（講談社／２０１２年）
『人を活かす経営』松下幸之助（ＰＨＰ研究所／１９８９年）
『ＮＶＣ　人と人との関係にいのちを吹き込む法』マーシャル・Ｂ・ローゼンバーグ（日本経済新聞出版社／２０１２年）
『動機づけ研究の最前線』上淵寿（北大路書房／２００４年）
『スタンフォードの自分を変える教室』ケリー・マクゴニガル（大和書房／２０１２年）
『働くみんなのモティベーション論』金井壽宏（ＮＴＴ出版／２００６年）
『なでしこ力　さあ、一緒に世界一になろう！』佐々木則夫（講談社／２０１１年）
『「働くママ」の時間術』馬場じむこ（日本実業出版社／２０１２年）
『ミッション』岩田松雄（アスコム／２０１２年）
『Organizing for Learning』Daniel H. Kim（Pegasus Communications／２００１年）

著者プロフィール

前田典子（まえだのりこ）

人材育成コンサルタント／ワークライフコーチ

神奈川県鎌倉市生まれ。早稲田大学人間科学部卒。

東京銀行（現三菱東京 UFJ 銀行）、クレディ・スイス東京支店、（株）MSC（マネジメント・サービス・センター）勤務の後、金融機関専門研修会社設立を経て独立。現在（株）Kei ビジネス代表取締役。

ビジネス経験とコーチングを活かし、組織内人材育成、一般向け講演、セミナーを行う（テーマ：コーチング、キャリアデザイン、ビジネスリテラシーなど）。その他、経営者、ビジネスマンを対象とするコーチング、チームやカップルの関係性を良くするシステム・コーチング、雑誌等の執筆活動も行っている。

コーチ 21、CTI ジャパンにてコーチング、CRR ジャパンにてシステム・コーチングを学ぶ。


【著書】

・「口ベタだっていいじゃない」と思えるコミュニケーション力養成講座（ダイヤモンド社）
・強い営業店をつくる 今日からやろうコーチング！（近代セールス社）
・女性力で強くなる 新たな視点で切り開く人材マネジメント（近代セールス社）
・マンガ コーチング実践ものがたり（近代セールス社）
・収益力を高める 明るい職場づくり（近代セールス社）
・営業担当者のための 心でつながる顧客満足〈CS〉向上術（金融財政事情研究会）

HRD 社公認 DiSC インストラクター
NLP マスタープラクティショナー
CDA（厚生労働省指定キャリア・コンサルタント能力評価試験合格）
（財）生涯学習開発財団認定コーチ

株式会社 Kei ビジネス　http：//www.kei-business.com/

部下をやる気モードに変える40のヒント
悩める上司をコーチングのプロが救う！

平成25年9月14日　初版

著　者——前田 典子
発行者——福地 健
発　行——株式会社 近代セールス社
　　　　〒164-8640　東京都中野区中央1-13-9
　　　　電話　03-3366-5701
　　　　FAX　03-3366-2706
印刷・製本　　株式会社木元省美堂

マンガ・イラスト　山中こうじ
ISBN 978-4-7650-1210-2

マンガ
コーチング実践ものがたり
A5判・184頁　定価1,600円（税別）
前田典子〔作〕　栗原清〔画〕

主人公のテラーリーダーが、職場の様々な問題をコーチングで解決していくものがたり。全22話のマンガで、コーチングの効果的な実践方法を描きます。

主な項目

・仕事を抱え込む新人
・元気のない部下
・手伝っても感謝しない部下
・年長パート職員への指導
・業務に興味を示さない部下
・上位者へのコーチング
・数字が上がらない部下
・仕事をしない上司
・感情的に怒る女性職員
・言い訳をする部下
・目標管理面談の進め方
・コミュニケーション不足の職場　／他10話

収益力を高める
明るい職場づくり
今日から始めるココロの環境整備
四六判・182頁　定価1,600円（税別）

パフォーマンスを上げるには「職場の雰囲気づくり」が欠かせません。笑顔と活気溢れる「明るい職場」のつくり方、“心的環境整備”のノウハウを伝授します。

主な項目

1　職場にある“環境劣化要因”を探し出そう
2　見落とされてきた収益性向上の基本
3　コーチングとソリューションフォーカス
4　“セルフエスティーム”のために備えておきたい3つの力
5　実践！ 明るい職場づくり